온몸으로 읽는
지구촌
효 이야기

온몸으로 읽는
지구촌
효 이야기

박영재 엮음

들어가는 글

아! 고마운 부모님

　최근 들어 날이 갈수록 우리는 노부모님들이 자녀들에 의해 학대당하고 있는 기사들을 자주 접해 오고 있는데, 지난 2012년 중국의 한 시골에 사는 70대인 저우 모씨가 자식들이 부양하지 않는다고 마을 공터에서 가짜폭탄을 몸에 두른 채 자폭 소동을 벌였다는 기사를 접하고, 이를 계기로 함께 '부모님의 은혜'에 대해 보다 깊이 성찰하고자 지구촌에 편재해 있는 효에 관한 글들을 모아 온몸으로 읽고 온몸으로 실천할 수 있도록 주머니 속 인성계발 시리즈 두 번째 책으로 엮어 보았습니다.

　사실 우리 부모님들께서는 자식들을 낳으시고, 기르시고 다 커서 어엿한 사회의 일꾼이 되었는데도 늘 간절한 마음으로 하루하루를 무사히 보내기를 바라시면서 살고 계십니다. 그런데 배우자와 자식들만 챙기고 어찌 이런 부모님을 소홀히 대할 수 있겠습니까! 과연 그 자식이 무엇을 보고 배우겠습니까! 훗날 그런 모습만을 보고배운 자식으로부터 똑같이 홀대를 받으리라는 것은 너무도 자명한 일일 것입니다. 게다가 더욱 한심한 일은 돌아가신 조상님을 위해서는 제사상을 요란하게 차리면서도 산 조상님(살아계신 부모님)은 구박하는 주위 분들을 보면 그저 안타까울 뿐입니다.

제1부에서는 지구촌 구석구석에 편재해 있으며 시대와 종교를 초월해 서로 상보적인 관계에 있는 한국과 동양과 서양의 효 이야기를 다루며 폭 넓게 성찰해 보고자 합니다. 그런데 한국을 포함한 동양의 효 이야기는 유교나 불교를 통해 우리가 쉽게 접해오고 있기 때문에 자료 수집 및 편집이 쉬웠습니다. 그러나 서양의 효 이야기는 잘 모르기 때문에 어떻게 풀어가야 할까 하고 고민하다가 문득 엮은이와 탈무드에 얽힌 인연이 떠올라 서양의 영적 가르침의 보고의 하나인 〈탈무드〉에서는 효 정신을 어떻게 일깨워 주고 있는지가 궁금해졌습니다. 그래서 먼저 엮은이와 〈탈무드〉의 인연담을 다루고 〈탈무드〉에 담긴 효 관련 글들을 중심으로 서양의 효 이야기를 성찰해 보고자 합니다.

제2부에서는 선도회 법사들 각자의 생생한 효와 불효에 관한 가슴을 뭉클하게 하는 체험담과 경우에 따라 조금 이론을 강조한 면도 있기는 하지만 효에 대해 어떤 견해를 지니고 선수행을 지속하며 일상의 삶을 영위하고 있는지에 대해 다루고자 합니다.

끝으로 제3부에서는 종달 선사께서 1970년대 초에 월간 〈법시法施〉에 제창하셨던 〈부모은중경父母恩重經〉을 통해 구구절절이 부모님의 한량없는 고마움과 그에 대해 진정으로 보답할 수 있는 길을 함께 성찰하고자 합니다. 특히 석가세존께서 부모님의 은혜에 대한 최상의 효도에 관해 하신 다음과 같은 말씀은 백미白眉라 할 수 있습니다.

"사람들이 부모님의 은혜를 아무리 갚아도 다 갚지 못하느니라. 팔 다리를 주물러 드리고, 목욕을 시켜드리고, 대소변을 받아낸다 하더라도 그 은혜는 다 갚지 못하느니라. 왜냐하면 자식들을 위해 그보다 더 많은 것을 하시기 때문이다. 그러나 다 갚을 수 있는 최상의 효도가 있느니라. 믿음이 없는 부모님께 믿음을 심어드리며, 부도덕한 부모님께 바르게 사시도록 일깨워 드리며, 인색한 부모님께 베풀며 사시도록 일깨워 드리며, 어리석은 부모님께 지혜로운 삶을 사시도록 일깨워 드리는 것이 부모님의 은혜를 진정으로 갚는 것이니라."

한편 돌이켜 보니 2대독자로 태어나 부모님의 헌신적인 보살핌 속에서 형편없는 마마보이로 자란 엮은이의 경우, 중3때 의사이셨던 아버지께서 '남 따라 살지 말고, 네가 진정으로 하고 싶은 직업을 택하라!'라고 해주셨던 결정적인 한 말씀[일전어―轉語]과 제가 참선수행을 시작하고 6개월이 지난 어느 날 독실한 천주교인으로 늘 새벽기도로 아침을 여셨던 어머니께서 이를 묵묵히 지켜보시고는 "잘은 모르겠지만 너의 변화된 삶의 태도로 보아 참선이 좋은 수행 같으니 꾸준히 지속해 보거라!"고 해주신 격려가 참선 수행과 더불어 나름대로 삶 속에서 온몸으로 효를 실천하는 오늘의 나를 있게 했다고 확신합니다.

결론적으로 우리 모두 자식들을 위해 일생을 헌신하셨던 부모님의 고마움을 늘 가슴 깊이 새기는 동시에, 부모님이 생존해 계신 분들의 경우 '어떻게 하면 부모님께서 남은 여생을 편히 보람 있게 보내실 수 있을까?'라고 자문자답하면서 하루하루를 성실히 살아간다면, 효심이 저절로 삶 속에 배어나게 될 것이고, 이렇게 될 때 바로 이 효심을 바탕으로 우리는 모든 어르신들을 역시 부모님처럼 존대하면서 함께 더불어 온몸으로 나눔 실천적 삶을 살 수 있게 될 것입니다!

아울러 이 지면을 빌어 이 책을 엮는데 도움을 주신, 효孝에 관한 요긴한 선행先行 참고자료들을 만드신 분들을 포함해 직간접적으로 도움을 주신 모든 분들께 깊은 감사를 드립니다.

2013년 5월 서강대 연구실에서
엮은이 박영재

● 차례

들어가는 글   아! 고마운 부모님

1부 지구촌 효 이야기

1장 한국의 효

〈삼국유사〉에 담긴 효 정신	17
서산 대사의 효심	26
〈구운몽〉에 담긴 효 정신	36
소년 효자 이복	40
신사임당과 율곡 이이	43
진묵 대사의 어머니 영전에 바치는 제문	45
연암 박지원	49
책만 읽는 바보 이덕무	53
암행어사 이우재	57
다산 정약용	60
어머니의 마음	62

2장 동양의 효

계숭 선사의 '효론'	67
주굉 선사의 〈죽창삼필〉과 〈치문숭행록〉	73
아버지의 베개에 부채질을 하여 시원하게 만든 황향	81
효심이 지극한 까마귀를 노래한 백거이	83
황벽 선사와 어머니	87
짚신을 삼아 어머니를 봉양한 목주 선사	90
동산 선사의 사친서	92
어머니의 유언장과 일휴 선사	96
일본의 작은 석가 자운 스님	100
산새의 노래	103

3장 서양의 효

〈탈무드〉에 담긴 효 정신	107
〈성경〉에 담긴 효 정신	123
〈리어왕〉에 담긴 효 정신	130
소크라테스	132
아브라함 링컨의 어머니의 기도	134
서양 격언 속에 담긴 효 정신	136
지은과 보은의 노래	143

2부 부모님만 생각하면 가슴이 먹먹해지네

나는 불효 그 자체입니다 - 철심	147
효란? 그럼 나는 어떻게 해야 할까? - 법등	150
어머니 생각 - 혜정	153
불효하지 않으면 행복하다 - 법장	158
고차적 효도와 명상 - 천달	170
어머니 당신은 / 지금 어머니는 어디에? - 통방	175
부모님만 생각하면 가슴이 먹먹해지네 - 혜운	179
그리운 아버님, 그리고 어머님 - 지천	184
21세기 효의 의미 - 천흠	190
〈제자규〉에 담긴 효 정신 - 천보	201
효의 본질 인식과 참된 가치의 실현 - 천수	204
나는 누구인가? 효자인가, 불효자인가? - 전성	208
효의 근원에 대하여 - 건허	215
울 엄마! - 초성	218
잊지 못 할 어머니의 '뜨신 밥' - 정계섭	226
엄마 계세요 - 묘진	232

3부 부모은중경

서문	237
두터운 부모님의 은혜	239
은혜에 보답하는 길	244
부부의 마음가짐은 '화합'	250
자식 부부가 짓는 죄	255
부모님의 헌신적인 열 가지 마음자세	260
진정한 자식의 효도	272
경의 이름을 짓다	277
결어	279

마무리하는 글		
	어머니께 드리는 편지	281
	효 정신을 담은 결혼식을 위하여	284
	외로운 소나무	289

부록 〈온몸으로 읽는 지구촌 효 이야기〉를 읽고서	290
참고문헌	299

제1부 지구촌 효 이야기

묘진描眞 대자가 그린 '효孝' 문자도

새로운 효문자도 孝文字圖

　대체로 조선시대 때 선비 집안에서는 어려서부터 효문자도孝文字圖 등이 담긴 병풍 앞에서 학문에 힘썼으며 때로는 문중門中 어르신들로부터 문자도에 표현된 그림과 관련된 고사故事들을 들으면서 인간으로서 지녀야 할 요긴한 덕목德目들을 저절로 익혔습니다.

　특히 부모님에 대한 효도를 뜻하는 '효孝' 문자도에는 잉어, 죽순, 부채, 거문고, 귤 등의 그림이 들어있습니다. 보기를 들면 잉어 그림은 중국 진晉 나라 때 왕상王祥이라는 사람이 어머니께서 한겨울에 잉어를 먹고 싶다고 하자 즉시 강으로 나가 얼음을 깨고 잉어를 잡아 효도孝道했다는 이야기를 상징하는 것입니다.

　이런 전통은 살리되 지구촌으로 '효' 한류韓流를 널리 확산시키기 위해서 젊은이들의 튼튼한 두 손으로 지구촌 어르신들을 잘 받들어 모시는 효문자도를 새롭게 선보이고자 하였습니다.

1장
한국의 효

> "어려선 안고 업고 얼러주시고
> 자라선 문 기대어 기다리는 맘
> 앓을사 그릇될사 자식 생각에
> 고우시던 이마 위에 주름이 가득
> 땅 위에 그 무엇이 높다 하리오.
> 어머님의 정성은 지극하여라."
>
> - 노래 '어머니의 마음'(양주동 작사)에서

〈삼국유사〉에 담긴 효 정신

먼저 가장 오래된 한국의 효 정신을 엿볼 수 있는, 고려의 일연一然(1206-1289) 스님께서 편찬한 〈삼국유사三國遺事〉 제5권 '효선제구孝善第九'편에 들어있는 효 관련 글 2편을 소개하기로 하겠습니다. 참고로 일연 스님은 1283년(78세)에 충렬왕의 국사가 되었으나, 이듬해 은퇴 후 경상도 군위의 인각사麟角寺에 주석하며 〈삼국유사〉를 완성한 다음, 이듬해인 1284년(79세) 고향으로 돌아와 70년을 홀로 지내셨던 어머니를 정성껏 봉양하셨다고 합니다. 덧붙여 일연 스님은 〈치문숭행록〉에 언급되어 있는 목주睦州(780-877) 스님의 효심을 본받아 자신의 별호를 목암睦庵이라고 했다고 합니다.

효도와 선행이 모두 아름답네

진정眞定 법사法師는 신라 사람으로 출가하기 전에 군졸로 예속隸屬되어 있었는데 집이 가난해서 장가를 가지 못했습니다. 군대에서 부역하면서 여가餘暇에 품을 팔아 곡식을 얻어 홀어머니[상모孀母]를 봉양했는데 집안의 재산이라고는 오직 다리 부러진 솥[쟁鐺] 하나뿐이었습니다.

하루는 어떤 스님이 집 문 앞에 와서 절을 짓는데 필요한 쇠

붙이[철물鐵物]를 구하므로 어머니가 솥을 시주하였는데, 얼마 후 진정이 밖에서 돌아오자 어머니는 그 사실을 말하고 아들의 생각이 어떤가를 살피니, 진정이 기쁜 안색을 보이며 말했습니다. "불사佛事에 시주하는 것이 얼마나 좋은 일입니까! 비록 솥이 없더라도 무엇이 걱정이 되겠습니까!" 이에 질그릇[와분瓦盆]으로 솥을 삼아 음식을 익혀서 어머니를 봉양했습니다.

진정은 일찍이 군대에 있을 때 사람들이 의상義湘 법사께서 태백산맥에서 설법說法을 하여 사람을 이롭게 한다는 말을 듣고 곧 흠모欽慕하는 마음이 생겼습니다. 그래서 어머니께, "효도를 마친 뒤에는 의상 법사께 가서 머리를 깎고 불도佛道를 익히겠습니다."라고 말씀드렸습니다. 그러자 어머니께서, "불법佛法은 만나기 어렵고, 인생人生은 너무나 빨리 지나가니, 효도를 마치고 출가를 한다면 너무 늦지 않겠느냐! 그러니 어찌 내가 죽기 전에 네가 불도를 익혔다는 말을 듣는 것만 하겠느냐! 망설이지 말고 빨리 가거라!"라고 말씀하셨습니다.

그러자 진정은, "어머니의 말년에 오직 저만이 곁에 있을 뿐인데 어찌 어머니를 버리고 출가할 수가 있겠습니까?"라고 말씀드렸습니다. 이에 어머니는 "아! 나를 위해서 출가를 빨리 하지 못한다면 이는 나를 지옥에 떨어지게 하는 것이다. 비록 네가 생전에 진수성찬으로 나를 봉양한들 어찌 효도가 되겠느냐! 나는 남의 문간에서 구걸해 의식衣食을 얻더라도 천수天壽

를 누릴 것이다. 그러니 네가 나에게 효도를 하고자 한다면 부디 그런 말을 하지 말거라!"고 말씀하셨습니다.

그 말씀을 듣고 진정이 고뇌하며 깊이 생각에 잠겨 있는 동안에, 어머니께서 즉시 일어나 쌀자루를 모두 털어 보니 쌀이 일곱 되가 있었습니다. 그날 이 쌀로 모두 밥을 지어놓고 어머니께서 말씀하셨습니다. "네가 밥을 지어 먹으면서 가자면 더딜까 걱정되니 마땅히 내 눈앞에서 지어놓은 밥 가운데 한 되의 밥은 먹고 나머지 여섯 되의 밥은 싸들고 빨리 떠나거라!"

진정은 흐느껴 울면서 한사코 사양하며 말했습니다. "어머니를 버리고 출가하는 것도 자식 된 도리로서 차마 못할 일이거늘, 하물며 겨우 며칠 분량의 미음을 해 드실 양식까지 모두 싸 가지고 떠난다면 세상 사람들이 저를 무엇이라고 하겠습니까!" 세 번 사양했으나 어머니께서는 (비장한 각오로) 세 번 (모두 단호하게) 강권強勸하셨습니다. 진정은 어머니의 뜻을 더 이상 거역할 수가 없어 길을 떠나 밤낮을 쉬지 않고 걸어 3일 만에 태백산에 이르러 의상 법사의 문하에 투신投身해 머리를 깎고 제자가 되어 '진정眞定'이라 이름 하였습니다.

입산한 지 3년 후 어머니의 부고訃告가 전해오자 진정 스님은 가부좌跏趺坐를 틀고 선정禪定에 들었다가 7일 만에 깨어났습니다. 이에 대해 어떤 이는, "불효에 대한 추억과 슬픔이 지극하여 몹시 견딜 수 없었기에 입정入定에 들어 슬픔을 씻은 것입니다."라고 설명했습니다. 혹은 "선정禪定에 들어 어머니께서 계시는 곳을 관찰觀察하였습니다."라고도 하고, 또 어떤 이는, "이와 같이 해서 명복冥福을 빈 것입니다."라고 하였습니다.

선정에서 깨어 나온 뒤에 의상 법사께 진정 스님의 일을 아뢰니 의상 법사께서는 진정 스님의 돌아가신 어머니를 위해 제자[문도門徒]들을 이끌고 소백산 추동錐洞에 들어가서 초가를 짓고 제자 3천 명을 모아 약 90일 동안 〈화엄대전華嚴大典〉을 강론하였습니다. 강론에 참가한 문인門人 지통智通이 그 요지를 뽑아 책 두 권을 만들고 이름을 〈추동기錐洞記〉라 하여 세상에 널리 폈습니다. 그런데 의상 법사께서 강론을 다 마치시자 진정 스님의 어머니께서 꿈에 나타나 말씀하셨습니다. "(아들아! 네 덕택에) 나는 이미 하늘나라[천상계天上界]에 환생하였다."

군더더기:

〈목련경目連經〉에는 지옥에서 고통 받고 있는 어머니를 구하기 위해 지옥까지 들어간 목련존자目連尊者의 지극한 효성에 관한 '목련구모目連救母'란 일화가 들어있습니다. 미루어 짐작컨대 진정 스님도 어머니의 부고를 받고 목련존자와 같은 심정으로 7일 동안 어머니의 명복冥福을 간절히 염원하는 동시에 어머니의 뜻대로 불도를 바르게 체득하고 이를 바탕으로 중생을 제도하는 것만이 진정한 효도라는 것을 다시 한 번 뼈 속 깊이 새겼을 것입니다.

한편 이 글을 통해 잘 알 수 있듯이 의상 대사께서 진정 스님의 어머니를 위해 90일 동안 화엄경을 강론하셨으며, 강론을 마치는 날 밤에 진정 스님의 꿈을 통해 어머니께서 천상에 환생하신 것으로 회향하고 있는데, 이 일화 역시 의상 대사께서 효를 바탕으로 한 '지도至道'의 좋은 본보기, 즉 단지 어머니를 편하게 봉양하는 것만이 최선이 아니고 철저히 수행해 깨달음에 도달한 후 보다 많은 사람들을 깨침에 이르게 하는 것이 진정한 효라는 것임을 세상에 널리 알리고자, 한 바탕 벌린 대법회라고 판단됩니다.

전생과 이생의 두 부모님께 효도하다

모량리牟梁里에 사는 '경조慶祖'라는 가난한 여인에게 아이가 있었는데 머리가 크고 정수리가 평평하여 성城과 같았으므로 이름을 대성大城이라 했습니다. 집이 궁색하여 살아갈 수가 없어 부자 복안福安의 집에서 품팔이를 하고, 복안에게서 약간의 밭을 얻어 의식衣食의 밑천으로 삼았습니다.

이때 점개漸開라는 개사開士가 흥륜사興輪寺에서 육륜회六輪會를 베풀고자 하여 복안의 집에 가서 시주施主할 것을 권하니, 복안이 베 50필을 보시布施하였습니다. 그러자 점개가, "단월檀越이 보시하기를 좋아하니 천신天神이 항상 지켜 주실 것이고, 하나를 보시하면 1만 배를 얻게 될 것이며, 그 과보로 안락安樂을 누리며 오래 살게 될 것입니다."라고 주문呪文을 읽어 축원했습니다.

대성이 그 말을 듣고는 집으로 뛰어 들어와 그 어머니께 말씀드렸습니다. "제가 문 밖에 온 스님이 외우는 소리를 들었는데 하나를 시주하면 만 배를 얻는다고 합니다. 생각하건대 저는 전생에 착한 일을 한 적이 없어 지금 이렇게 곤궁한 것입니다. 이제 또 보시하지 않는다면 내세來世에는 더욱 가난할 것입니다. 제가 품을 팔아 얻은 밭을 법회法會에 시주해서 후세의 응보應報를 도모하면 어떻겠습니까?" 어머니께서도 "좋다!"고 하시므로, 즉시 점개에게 밭을 시주했습니다.

얼마 후 대성이 세상을 떠났는데 그날 밤 국상國相 김문량金文亮의 집에 하늘에서 외치는 소리가 들렸습니다. "모량리에 살던 대성이란 아이가 이제 너의 집에 태어날 것이니라." 집 사람들이 매우 놀라 사람을 시켜 모량리를 조사하게 하니, '대성大城'이란 아이가 과연 죽었는데 하늘에서 외치던 날과 같은 때였습니다. 김문량의 부인은 임신하여 아이를 낳았는데 왼손을 꼭 쥐고 있다가 7일 만에야 폈는데 '大城'이란 두 글자가 새겨진 금간자金簡子가 있었으므로, 이름을 다시 대성이라 짓고, 그의 전생 어머니까지 집으로 모셔 와서 함께 봉양했습니다.

대성은 장성하자 사냥하기를 좋아하더니 어느 날 토함산吐舍山에 올라가 곰 한 마리를 잡고 산 밑 마을에서 묵게 되었습니다. 대성의 꿈에 곰이 귀신으로 변해서 시비를 걸며, "네 어찌하여 나를 죽였느냐? 내가 환생하여 너를 잡아먹겠다!"라고 말했습니다. 대성이 두려워하며 용서를 청하니 귀신이, "네가 나를 위하여 절을 세워 주겠느냐?"하고 물었습니다. 대성은 그렇게 하겠다고 약속하고 꿈에서 깨어났는데, 이부자리가 땀으로 흠뻑 젖어 있었습니다. 이후부터는 사냥을 하지 않고 곰을 잡은 자리에 희생된 곰을 위해 장수사長壽寺를 세웠습니다. 그 후 대성은 그로 인해 마음에 감동하는 바가 있어 자비의 원願을 더욱 키워 나갔습니다.

그러다 금생今生의 부모님을 위해 불국사佛國寺를 세우고, 전생前生의 부모님을 위해 석불사石佛寺를 세워 신림神琳과 표훈表訓 두 성사聖師를 청하여 각각 사시게 했습니다. 결과적으로 대성은 아름답고 큰 불상을 모시고 길러주신 부모님의 노고에 보답하였으니 한 몸으로 전세와 현세의 두 부모님께 효도한 것입니다. 이는 옛적에도 또한 드문 일로 과연 착한 시주의 영험을 어찌 믿지 않을 수 있겠습니까!

또한 장차 석불石佛을 조각하고자 하여 큰 돌 하나를 다듬어 감개龕蓋를 만드는데 돌이 갑자기 세 조각으로 쪼개졌습니다. 대성이 분통하게 여기다가 어렴풋이 졸았는데 밤중에 천신天神이 내려와 다 만들어 놓고 돌아갔으므로 대성은 자리에서 일어나 남쪽 고개로 급히 달려가 향나무를 태워 천신께 공양을 올렸습니다. 그래서 이후부터 그 곳의 이름을 '향고개[향령香嶺]'라고 불렀습니다. 불국사의 구름다리[운제雲梯]와 석탑은

돌과 나무에 새긴 기공技工이 동도東都의 여러 절들 가운데서도 이보다 나은 것이 없었습니다. '옛 향전[고향전古鄕傳]'에 실려 있는 것이 위와 같습니다.

그런데 '절 안의 기록[사중유기寺中有記]'은 이렇습니다. "경덕왕景德王 때에 대상大相 대성大城이 751년(천보天寶 10년 신묘辛卯)에 불국사를 짓기 시작했습니다. 혜공왕惠恭王 때를 거쳐 774년(대력大歷 9년 갑인甲寅) 12월 2일에 대성이 죽자, 나라에서 이를 완성시켰습니다. 처음에 유가종瑜跏宗의 고승高僧을 초청해 마귀를 항복시키고 이 절에 거주하게 했으며 이를 계승해 지금에 이르렀습니다." 이렇게 사중유기가 옛 향전과 같지 않으니 어느 것이 옳은 것인지 알 수 없습니다.

(다음과 같이 효자 김대성을) 게송으로 기리고자 합니다.

> 봄에 모량리의 밭 삼무를 시주하여,
> 가을에 향령에서 만금을 거두었네.
> 모친은 한생 가난과 부귀를 겪었고,
> 정승의 한갓 꿈 삼세를 넘나들었네.

牟梁春後施三畝 모량춘후시삼무
香嶺秋來獲萬金 향령추내획만금

萱室百年貧富貴 훤실백년빈부귀

槐庭一夢去來今 괴정일몽거래금

군더더기:

김대성이 전생과 금생의 두 부모님을 섬겼다는 이 일화는 〈불설대보부모은중경佛說大報父母恩重經〉의 도입부에 있는 다음과 같은 대목과 맞닿아 있는 것 같습니다. "세존께서 대중들을 거느리고 남쪽으로 가시다가 한 무더기의 마른 뼈를 보았습니다. 이때 여래께서 몸을 땅에 엎드려 마른 뼈에 절을 하셨습니다." 이 모습을 보고 아난과 대중들이 궁금해 하자 세존께서 "이 한 무더기의 뼈는 혹시 나의 전생의 조상이거나 여러 대에 걸쳐서 나의 부모님이셨을 수 있느니라."라고 답변하셨습니다.

따라서 우리의 과거와 현재 및 미래가 그물망처럼 서로 이어져 있기 때문에 금생의 내 부모님만이 아니고 모든 어르신들에게까지 효행이 회향되지 않으면 결코 진정한 효도의 실천이라고 할 수 없을 것입니다.

서산 대사의 효심

먼저 서산西山 대사로 널리 알려진 청허휴정淸虛休靜(1520-1604) 선사께서 와병 중이던 57세 때 지은 부모님에 대한 효심이 잘 드러나 있는 '부모님께 올리는 제문[제부모문祭父母文]'을 살핀 다음에, 역시 서산 대사께서 지으신 '수행修行과 효孝'의 관계를 잘 드러내고 있는 선수행자에게 매우 요긴한 〈선가귀감禪家龜鑑〉을 다루기로 하겠습니다.

부모님께 올리는 제문

병자년丙子年[1576년, 57세] 1월 13일에 (공손히) 제사를 올립니다. 출가 수행자가 된 소자小子는 선종판사와 교종판사를 겸직하고 자색가사紫色袈裟를 하사받았으며 현재 도대선사都大禪師직을 맡고 있는데, 지금 저는 묘향산妙香山 심원동深源洞 상남대上南臺 초암草庵에 병들어 누워있기에 제수祭需를 마련하고 나이 든 형님을 대신 보내어 부모님의 무덤[쌍묘雙墓] 앞에 삼가 아뢰옵니다.

엎드려 생각하건대, (부모님의 혼魂이 머무는) 구천九天은 아득히 멀고 (부모님의 백魄이 머무는) 구원九原은 까마득히 넓거늘 아버님은 어느 곳에 계시며, 또한 어머님은 어느 곳에 계시옵니까? 누구에겐들 부모님이 없으랴마는 우리 부모님의 은혜는 다른 사람과는 판이_{判異}하게 다르며, 누구에겐들 '태어남과 죽음[생사_{生死}]'이 없으랴마는 우리 부모님의 죽음은 참으로 가슴이 찢어질 듯이 아팠습니다.

지난날을 떠올려보면 사람들은 어머니의 자애로움을 칭송_{稱頌}하면서도 그윽[유한_{幽閑}]한 자애로움은 (제대로) 알지 못하였고, 아버지의 엄격함을 알았지만 도덕적_{道德的}으로 엄격함은 (제대로) 알지 못하였으니, 어머니의 자애로움은 후손을 어루만지기에 넉넉하였고 아버지의 엄격함은 선조_{先祖}의 (올곧은) 정신을 이어받기에 충분하였습니다.

어찌하여 셋째 형님이 '머리를 땋아 올리는 성인식[결발_{結髮}]'을 치르고 소자가 이제 겨우 영구치_{永久齒}가 난 해에, 자애로운 어머니께서는 홀연히 난새[난조_{鸞鳥}](《산해경_{山海經}》에 나오는 전설상의 새)의 날개[난익_{鸞翼}]를 타고 (하늘나라로) 올라가시고 엄한 아버지마저 뒤따라 난새의 꼬리[기미_{驥尾}]에 올라타고 가셨습니까? 바람이 슬프게 고목을 흔들고 달만이 텅 빈 문안으로 찾아와 부모님께 조문하였습니다. 이제 (아버지께서 가고 안 계시니) 소자가 뜰에서 절을 한들 누가 시를 가르치며, 또한 (어머니께서도 가고 안 계시니 소자가) 문에서 절을 한들 누가 짜던 베의 실을 끊겠습니까? 아버지를 생각하면 창자가 찢어지고 어머니를 그리워하며 통곡하면 눈물이 피가 되어 흐릅니다. 세상

천지에 그 어떤 슬픔이 이보다 더 비참悲慘하겠습니까? 아! 몹시도 가슴이 찢어질 듯이 아픕니다.

소자는 이 무렵 외로운 그림자마냥 낙엽처럼 이리저리 뒹굴다가 (다행히 양아버지를 만나) 성균관[관학館學]에 입학하였습니다. 그러다가 과거 공부를 그만두고 입산해 삭발削髮 출가出家하였습니다. 그 후 (승과僧科에 합격[급제及第]하여) 선교禪教 양종兩宗의 판사判事로서 궁궐[금궐金闕]에 나아가 두 차례 벼슬을 하기도 했습니다. 그런데 세월이 물처럼 쏜살 같이 흘러 어느덧 백발이 성성해지고, (문득 가족을) 찾아보니, 두 형님은 이미 쇠잔해지셨고[이퇴已頹] 누이마저도 잇달아 병들어[연위連萎] 누웠습니다. 하늘을 보고 울부짖어도 너무 높아 닿을 길이 없고, 땅을 치며 통곡해도 너무 두터워 전할 길이 없게 되었습니다.

그런데 오늘에 이르러 (출가 세계의 관행상), 부모님의 은혜를 끊는 것이 비록 불교의 법도法度라고는 하지만, 아득한 지난날을 추억하며 조상님께 제사를 드리는 것 또한 (인간으로서 지켜야할 덕목의 하나인 효를 강조해온) 유교儒教의 강령綱領이기도 합니다. 무성히 자란 벼와 기장을 마주 대하게 될 때마다 부모님의 무덤가가 떠올라 탄식하며 고향[고원故園]을 그리워하노라면 구름 또한 애처롭고, 무덤가에 서있는 '소나무와 가래나무[송추松楸]'를 보며 예를 갖춘 의관衣冠을 떠올리노라면 바람소리조차 서럽습니다. 아! 몹시도 가슴이 찢어질 듯이 아픕니다.

한편 소자가 처음 태어났을 때를 생각하오면 무릎 밑에 두고 손바닥 위에서 애지중지 보살펴 주셨으니 아버지의 은혜는 하늘과 같고, 쓰면 삼키고 달면 뱉어서 먹여주셨던 어머니의 후덕厚德함은 땅과 같습니다. 또한 어머니께서 돌아가시던 날 아침을 떠올려 보면 어머니께서 소자에게 '아가[아지阿只]!'라고 세 번 부르시고 큰소리로 통곡하셨습니다. 아! 몹시도 가슴이 찢어질 듯이 아픕니다. 그리고 아버지께서 돌아가시던 날 밤을 떠올려 보면 아버지께서 소자를 꼭 안으신 채로 베개를 높이 고이시고 주무시던 중에 이불 속에서 조용히 돌아가셨습니다. (이 역시) 아! 몹시도 가슴이 찢어질 듯이 아픕니다.

청등靑燈은 벽에 걸려 있건마는 이제 베를 짜시던 우리 어머니의 모습은 두 번 다시 볼 수 없으며, 고향 산천의 (저녁 밥 짓는) 연기煙氣와 휘영청 밝은 달이 어우러진 정경情景은 변함없건마는 이제 (그런 분위기 속에서) 시를 지으며 술을 마시던 우리 아버지의 모습은 두 번 다시 볼 수 없으니 (이런 옛 일들을 추억하게 하는 말)소리와 모습들이 오랜 세월[천추千秋] 동안 영원永遠히 이별離別이옵니다.

그러나 저승과 이승이 하나의 이치理致로 통하며 아버지와 아들은 하나의 기운氣運으로 이어져 있어, 천 리 밖에서 크게 통곡하고 만 번의 절을 올립니다. 백발이 성성한 형님 한 분께서 소자를 대신해 제사를 지내오니, 저승[명막冥漠]에서나마 이를 알아보시고 부디 가엾게 여기시어 너그럽게 살펴주시옵소서.

- 〈청허당집清虛堂集〉 제4권

군더더기:

서산 대사께서는 일찍이 조실부모失父母해 한恨이 맺혀 있으셨는데, 와병 중이던 57세 때 부모님과의 추억을 떠올리시면서 부모님을 위해 지어올린 제문을 통해 우리는 그가 비록 출가한 몸이면서도 유교儒敎의 제사 추모 방식까지 적극 수용하시는 등 부모님에 대한 효심이 지극하였음을 잘 엿볼 수 있습니다.

〈선가귀감〉에 담긴 효 관련 수행관

서산西山 대사께서 〈선가귀감禪家龜鑑〉을 지으시면서 그 의도를 서문에서 분명하게 밝히셨기에 먼저 서문을 살펴본 다음, 효 관련 글 2편을 다루기로 하겠습니다.

예전에 불교佛敎를 배우는 이들은 석가세존의 말씀이 아니면 말하지 아니하고, 세존의 행실이 아니면 행하지 않았었습니다. 그러므로 이들이 보배로 여기는 것은 오직 불경佛經[패엽경貝葉經]의 거룩한 글[영문靈文]뿐이었습니다. 그러나 오늘날 불교를 배우는 이들은 전해 가면서 외는 것이 (분별分別에 얽힌) 사대부의 글이요, 빌어 지니는 것이 (미사려구美辭麗句를 나열한) 사대부의 시뿐이었습니다. 그리하여 그것을 울긋불긋한 종이에 쓰고 고운 비단으로 꾸며서, 아무리 많아도 족한 줄을 알지 못하고 지극한 보배로만 생각하니 아! 예와 지금에 불교를 배우는 이들이 보배로 삼는 것이 어찌 이다지도 같지 않습니까?

내가 비록 불초하나 옛글에 뜻을 두어 불경의 거룩한 글로써 보배를 삼으려 하나 그 글이 너무나 번다하고 장경의 바다가 넓고 아득하여 뒷날 뜻을 같이하는 후학들이 가지를 헤쳐가면서 잎을 따는 수고로움을 면치 못할까 하여 글 가운데 가장 요긴하고도 절실한 것 수백 마디를 추려서 한 장에 쓰니 참으로 글은 간결하나 뜻은 두루 갖추어졌다고 할 만합니다. 만일 이 말로써 스승을 삼아 끝까지 연찬하고 궁구하여 오묘한 이치를 체득한다면 구절마다 산 석가여래가 나타나실 것이니 부디 힘써 보시기 바랍니다. 그렇더라도 글자를 떠난 한 마디와 틀을 벗어난 기묘한 보배를 쓰지 않으려는 것은 아니어서 또한 장차 특별한 기틀도 기다리고자 합니다.

1564년(가정嘉靖 갑자甲子) 여름날

청허당淸虛堂 백화도인白華道人 쓰다

군더더기:

서산(1520-1604) 대사는 금강산 백화암白華庵에서 지내면서 자호를 백화도인白華道人이라고 하였습니다. 평안남도 북서쪽에 위치한 안주安州에서 태어난 그는 9세 때에는 어머니를 여의고 다음 해에는 아버지를 여의었는데, 당시 안주 목사 이사증李思曾이 서울로 영전되면서 서울로 데리고 와서 12세 때에 서울 성균관에 입학시켰습니다. 들어가 글을 배우고 무예를 익히며 유생儒生 생활을 시작하였습니다.

당시 고위 관직의 자제들은 실력이 없어도 과거에 잘 합격하나 실력은 있으나 연줄이 없는 그는 15세 때 과거에 낙방한 후 머리를 식힐 겸 같은 처지의 친구들과 함께 지리산 산행 중에 신흥사의 숭인崇仁 장로長老 법문을 듣고, '이 길이 내 길이구나.'라는 확신을 갖고 곧 발심하여 숭인 장로를 은사로 모시고 휴정休靜이란 법명을 받으며 출가하였습니다.

그런데 아이러니하게도 당시에 유행하던 입시부정 관행이 서산 대사를 출가의 길로 들어서게 함으로서 그로 하여금 〈선가귀감〉 같은 불후의 명저를 세상에 나오게 하는 등 조선불교계를 다시 일으키는 전기를 마련하는 동시에 임진왜란 때 국난國難 극복의 선봉에 서게 하는데 크게 기여하였습니다.

덧붙여 임진왜란이 끝나고 제자인 사명泗溟(1544-1610) 대사가 조선의 사신으로 포로교환을 포함해 평화조약을 체결하러 일본을 방문하면서 이 〈선가귀감〉이 일본에 전해졌는데, 일본 임제종의 중흥조였던 백은白隱(1685-1768) 선사가 젊은 수행승 시절 옆에 끼고 살았다고 합니다. 또한 이 무렵 사명대사께서 흥성사興聖寺에 머물렀을 때 오늘날 일본 임제종의 한 본산인 흥성사를 창건(1603)한 원이圓耳라는 스님이 자신이 깨친 선리禪理를 제시하자 사명대사는 그 경계를 인가印可하고 '허응虛應'이라는 자字와 '무염無染'이라는 법호法號를 지어주었습니다. 즉, 사명대사의 인가제자가 된 것입니다. 따라서 오늘날 일본 임제종의 발전에 한국 선종禪宗이 크게 기여했음을 잘 엿볼 수 있습니다.

아기가 어머니를 생각하듯이

무릇 자기 자신이 참구하고 있는 공안公案에 대하여 간절한 마음으로 공부를 지어갈 때, 마치 닭이 알을 품듯이 하며, 고양이가 쥐를 잡듯이 하며, 배고픈 사람이 밥을 생각하듯이 하며, 목마른 사람이 물을 생각하듯이 하며, 아기가 어머니를 생각하듯이[여아억모如兒憶母] 한다면, 반드시 공안을 철저하게 투과할 때가 있을 것입니다.

군더더기:

〈선가귀감〉 제13장에 있는 이 글은 어머니와 자식 간의 간절한 마음을 수행으로 회향하고 있는 내용을 담고 있습니다. 사실 아기가 "으앙~"하고 우는 그 순간 지체 없이 아이에게 달려가는 어머니의 마음이나 효자가 부모님을 걱정하는 그런 간절한 마음으로 공안을 참구한다면 남녀노소를 불문하고 누구나 언젠가는 반드시 세존이나 역대조사들과 어깨를 나란히 할 수 있겠지요.

네 가지 은혜가 깊고 두터운 줄을 알고 있는가?

무릇 참선 수행자는 늘 다음과 같이 살펴야 합니다.

1. 네 가지 은혜가 깊고 두터운 줄을 알고 있는가?

[환지사은심후마還知四恩深厚麼]

2. 사대[地水火風]로 된 더러운 이 몸이 찰나에 쇠퇴해 썩어가고 있는 줄을 알고 있는가?
3. 사람의 목숨이 호흡 사이에 있는 줄을 알고 있는가?
4. 살아오는 동안 석가세존이나 조사를 친견한 적이 있는가?
5. 또한 위없는 법문을 듣고 희유한 마음을 낸 적이 있는가?
6. 수행처를 떠나지 않고 수행자다운 절개를 지키고 있는가?
7. 곁에 있는 사람들과 쓸데없는 잡담이나 하고 지내고 있는 것은 아닌가?
8. 분주하게 시비를 일으키고 있는 것은 아닌가?
9. 화두가 하루 종일 어느 때나 분명하게 들리고 있는가?
10. 남과 이야기하고 있을 때에도 화두가 중간에 끊어지지는 않는가?
11. 보고 듣고 느끼고 아는 견문각지見聞覺知 시에도 화두와 한 덩어리가 되는가?
12. 자기의 본래면목本來面目을 세밀히 살펴 불조佛祖를 붙잡을 만한가?
13. 금생에 반드시 부처님의 혜명慧命을 이을 수 있겠는가?
14. 앉고 서고 편할 때에 지옥의 고통을 생각하는가?
15. 이 업보의 한 몸뚱이가 윤회에서 벗어날 자신이 있는가?
16. 여덟 가지 힘든 일[팔풍八風의 경계]을 당하여 마음이 흔들리지는 않는가?

이것이 참선 수행자가 일상의 삶 속에서 틈 날 때마다 점검點檢해야 할 도리道理입니다. 또한 옛 어른[고인古人]께서, "이 몸을 금생今生에 못 건지면 다시 어느 생을 기약해 건질 것인가!"라고도 말씀하셨습니다.

군더더기:

〈선가귀감〉 제22장에 있는 이 글은 참선 수행자들이 일상의 삶 속에서 틈 날 때마다 살펴야할 중요한 지침인데 그 가운데에서도 맨 첫 번째로 네 가지 은혜[사은四恩], 즉 부모님과 이웃과 나라와 스승님의 은혜를 살펴야한다는 점을 강조하고 있습니다. 따라서 역시 부모님에 대한 효도가 수행의 근본이라는 점을 분명하게 밝히고 있는 것입니다.

〈구운몽〉에 담긴 효 정신

서포西浦 김만중金萬重(1637-1692)은 유복자로 태어나 어머니의 극진한 정성과 엄격한 교육으로 예조참판, 홍문관 대제학, 병조판서 등 조정의 요직을 두루 거치며 나랏일을 돌보는 입신양명立身揚名의 꿈을 이루지만, 서인과 남인의 당파 싸움 속에서 세 번이나 유배 길에 올랐습니다.

그가 지은 아래 시는 세 번째 경남 남해로 유배를 간 그 해 1689년 9월 25일 어머니 생신날에 지은 '사친思親'이란 제목의 시입니다.

어머니를 그리워하며

오늘 아침 (문득) 어머니를 그리는 글 쓰려하는데
한 글자도 채 쓰기 전에 눈물이 벌써 눈앞을 가리네.
아! 몇 번이나 붓을 적셨다가 내던졌던가!
(이러다가) 내 문집文集에서 응당 남해의 시 빠질라.

今朝欲寫思親語 금조욕사사친어
字未成時淚已滋 자미성시누기자

幾度濡毫還復擲 기도유호환부척
集中應缺海南詩 집중응결해남시

군더더기:

아마 어머니를 모시고 77세를 맞이하는 희수稀壽연을 벌이는 것이 김만중의 꿈이었을 것입니다. 그러나 그는 어머니 임종을 지키지도 못했고, 돌아가시고 수개월이 지나서야 부음을 받았습니다. 그는 초옥 한쪽에 어머니의 위패를 모시고 조석으로 밥을 해서 올렸다고 합니다. 비록 형제 대제학, 삼대 대제학을 길러낸 어머니 윤씨의 이름은 기억하지 못하지만 자식을 향한 끊임없는 희생과 사랑, 그리고 자애로움은 한국의 어머니상의 본보기로 길이 남을 것입니다.

어머니를 위한 사모곡, 〈구운몽〉

오늘날 세계 8개 국어로 번역 출판된 〈구운몽九雲夢〉은 모자간의 지극한 사랑을 바탕으로 서포가 어머니를 위해 지었기에, 번역본의 서문에는 하나 같이 그가 자애慈愛로운 어머니를 위해 쓴 사랑의 헌사獻辭임을 드러내 강조하고 있습니다.

사실 세 번이나 유배 길에 올라야 했던 김만중은 첫 귀양 가던 그해 형님은 사화에 연루되어 고초를 겪다 숨을 거두었습니다. 큰 아들은 저승길로 떠나보내고, 작은 아들은 귀양길로 떠나보낸 채 홀로 계실 어머니를 위로하기 위해 평소 어머니께서 책 읽기, 특히 소설을 즐겨 읽으셨기에 글을 쓰기 시작했으며 이렇게 세상에 나온 책이 바로 〈구운몽〉인 것입니다.

〈구운몽〉은 꿈같은 환상의 세계에서 주인공 양소유楊少游가 팔선녀八仙女와 함께 펼쳐지는 드라마틱한 사랑이야기로 대강의 줄거리는 다음과 같습니다. 중국 당나라 때 육관六觀 대사의 제자인 성진性眞이 동정호의 용왕에게 사신으로 갔다가 돌아오던 길에 팔선녀를 만나 그 미모에 도취되어, 선방禪房에 돌아온 후에도 불도佛道에 회의를 느끼고 속세의 부귀와 공명을 원하다가 육관 대사에 의해 팔선녀와 함께 지옥으로 추방되고 다시 인간 세상에 양소유란 사람으로 환생還生하게 됩니다. 다시 태어난 그는 과거에 급제한 후, 출세 가도를 달리며 역시 인간으로 환생한 팔선녀와 결합하게 되어 아내 둘과 첩 여섯을 거느리고 부귀영화를 누리며 살아갑니다. 그러던 가운데, 문득 인생무상과 허무를 느끼고 승려와 문답하던 중 문득 잠에서 깨어 본래의 성진으로 돌아와 보니 인간사 부귀영화富貴榮華가 한낱 일장춘몽一場春夢과 같다는 것을 깨닫고 불가佛家에 귀의歸依한다는 이야기입니다.

군더더기:

사실 〈구운몽〉은 영조와 정조로부터 극찬을 받았을 뿐만 아니라 양반 관료에서 일반 백성에 이르기까지 전 계층의 사람들이 즐겨 읽었던 문학 작품이었습니다. 게다가 〈구운몽〉 출간이후 사대부들 사이에서는 홀로 계신 노모를 위한 효도孝道의 좋은 한 방법 가운데 하나가 재미있는 읽을거리인 소설을 지어 드리는 것이라고 여기기도 했다고 합니다. 덧붙여 김만중의 시호諡號는 문효文孝입니다. 아마 문장이 뛰어나고 효성이 지극해 이런 시호가 내려진 것 같습니다.

참고로 시호諡號는 대개 왕이나 사대부들이 죽은 뒤에 그들의 공덕을 찬양하여 추증追贈한 호를 가리킵니다. 그런데 한 번 시호가 내려진 경우에는 다시 개시改諡를 청원請願할 수 없었다고 하는데, 이는 신하들의 행실을 선악善惡으로 명확하게 구별하여 후대에 권장勸奬과 징계懲戒를 널리 전하기 위한 것이었다고 합니다.

소년 효자 이복

이복李福에 대한 공식적인 기록은 〈신증동국여지승람新增東國輿地勝覽〉의 공주목 인물조에 처음으로 보이는데, 고려 사람으로 아전衙前이었고 효자였다는 기록이 있을 뿐입니다. 이후에 출간된 〈동국신속삼강행실도〉, 〈호서읍지〉, 〈공산지〉 등에서도 확인할 수 있습니다.

한편 공주 지역에 전해 내려오는 이야기로는 옛날 마을 어귀에 비석이 죽 늘어져 있었던 '비선거리'라는 마을이 공주 옥룡동에 있었습니다. 고려 때, 이 비선거리 마을에 일찍이 아버지를 여의고 어려서 부터 남의 집에 가서 일하고 그 품삯으로 음식을 얻어 눈 먼 어머니를 봉양하며 살아가는 소년 이복이 있었다고 합니다.

그러던 중 바람이 몹시 불고 아주 추운 겨울의 어느 날, 여느 때처럼 밥과 국을 얻어가지고 굶주린 배를 움켜쥐고 어머니께 가져다 드리러 집으로 가는데 길을 걷다가 그만 미끄러져 며칠을 굶주린 소년은 그만 쓰러지고 말았습니다.

그러자 어머니께 가져다 드릴 밥과 국을 땅에 쏟아져 버렸습니다. 이복은 그 자리에 주저앉아 집에 계신 굶주린 어머님 생각에 서럽게 통곡을 하였는데, 이복이 넘어진 그 자리를 '갱

경爲傾골'이라 부르게 되었고 후에 '국고개'라고 불리게 되었다고 전합니다.

또한 어느 해 겨울에 어머니께서 병이 들게 되었습니다. 백방으로 약을 구해 지극정성으로 써 보았으나, 차도가 없어 이복의 걱정은 이만저만이 아니었습니다. 그러던 어느 날 지나가던 스님에게 이복의 어머님의 병에는 잉어피가 효험이 좋다는 얘기를 듣고 엄동설한에 이복은 잉어피를 구하여 금강변으로 나갔으나, 모두 얼음으로 꽁꽁 얼어 있었다고 합니다. 먼저 간절히 천지신명天地神明께 잉어를 잡을 수 있게 제를 올리고 나서 얼음을 깨고 낚싯줄을 드리우자 큰 잉어가 잡혀 어머니께 드리니, 며칠 후 어머니의 병이 나았다고 합니다.

그후 이런 소년 이복의 효행孝行이 입에서 입으로 전해져 많은 사람의 추앙을 받게 되고 '효자이복지리孝子李福之里'란 비석을 세우게 되었다고 하는데 1979년에 옥룡동 양수장 중턱에 '정려비각旌閭碑閣'을 지어 고려 말엽에 세워진 구비석과 신비석을 나란히 세워 그 효행孝行을 기리고 있다고 합니다.

군더더기:

어머니의 틀니를 해 주려고 마라톤대회에 참가했다가 그 사연이 알려져 '맨발의 기봉이'란 영화로 만들어진 후 유명해진 엄기봉씨에 관한 신문기사 '맨발의 기봉이 엄마 없는 졸업식'을 접하신 분이라면 누구나 소년 이복의 효 정신이 세월을 뛰어넘어 한국인의 DNA를 통해 끊임없이 이어져오고 있음을 느낄 수 있을 것입니다.

  참고로 이 일화는 공주가 고향이신 정곡사 정곡正谷 스님으로부터 듣고 자료를 수집해 올린 것입니다. 도움 말씀을 주신 정곡 스님께 이 지면을 빌어 다시 한 번 깊은 감사를 드립니다.

신사임당과 율곡 이이

어머니를 그리워하며

산첩첩 내고향 천리언마는
자나깨나 꿈속에서도 돌아가고파
한송정가에는 두 개의 둥근 달
경포대 앞에는 한 줄기 바람
백로는 모래 위에 모였다 흩어지고
고깃배들 바다 위로 오고 가리니
언제나 강릉 길 다시 밟아가
색동옷 입고 앉아 바느질할까?

天里家山萬疊峯 천리가산만첩봉
歸心長在夢魂中 귀심장재몽혼중
寒松亭畔雙輪月 한송정반쌍륜월
鏡浦臺前一陣風 경포대전일진풍
沙上白鷺恒聚散 사상백로항취산
波頭漁艇各西東 파두어정각서동
何時重踏臨瀛路 하시중답임영로

綵服斑衣膝下縫 채복반의슬하봉

군더더기:

작곡가 김성태 선생님이 곡을 붙인 이 시는 신사임당申師任堂(1504-1551)이 서울 시댁에 머물며 언제 뵐지 기약 없는 고향에 계신 늙으신 어머니를 간절히 그리워하면서 지은 시입니다.

한편 자녀교육에도 남다른 노력을 기울여 현모양처賢母良妻의 본보기가 되었으며 그 결과 오늘날 오만원권의 주인공으로도 채택되었습니다. 아마 이런 효성이 지극하고 자녀교육에 헌신적이었던 어머니가 계셨기 때문에, 이를 옆에서 지켜보며 자란 아들 율곡栗谷 이이李珥(1536-1584)가 약관弱冠의 20세 때 스스로 경계하는 글인 '자경문自警文'을 짓고 인생의 전기를 마련할 수 있었다고 보여집니다.

특히 이 자경문 가운데 마지막 열한 번째인 '용공지효用功之效'에 효도와 관련해 다음과 같은 내용이 들어있습니다. '공부를 하는 일은 늦추어서도 안 되고 조급하게 해서도 안 되며, 죽은 뒤에야 끝나는 것이다. 만약 그 효과를 빨리 얻고자 한다면 이 또한 이익을 탐하는 마음이다. 만약 이와 같이 하지 않는다면 부모님으로부터 받은 이 몸을 형벌刑罰을 받게 하고 수모受侮를 당하게 하(게 하여 부모님을 욕되게 하)는 일이니, 이는 곧 사람의 아들(로서 할 짓)이 아니다.'

진묵 대사의 어머니 영전에 바치는 제문

먼저 조선 시대를 살았던 진묵震默(1562-1633) 대사의 풍모風貌를 잘 엿볼 수 있는 선시禪詩를 하나 음미하기로 하겠습니다.

> 하늘을 이불로, 땅바닥은 돗자리로, 산은 베개로 삼고
> 달은 촛불로, 구름은 병풍으로, 바다는 술동이로 만들어
> 거나하게 취해 (흥 오르자) 불쑥 일어나 (덩실덩실) 춤추는데
> 도리어 긴 소맷자락이 곤륜산에 걸릴까 하노라.

> 天衾地席山爲枕 천금지석산위침
> 月燭雲屛海作樽 월촉운병해작준
> 大醉遽然仍起舞 대취거연잉기무
> 却嫌長袖掛崑崙 각혐장수괘곤륜

그런데 천지天地를 주물럭거리는 이런 대선사께서 생전에 어머니를 극진히 봉양했으며 어머니께서 세상을 떠나자 49재를 지내며 어머니 영전에 다음과 같이 지어올린 제문을 통해 비록 출가한 몸이면서도 어머니에 대한 효성이 지극하였음을 잘 엿볼 수 있습니다.

어머니 영전에 바치는 제문

태중에서 열 달 동안 품어주신 그 은혜,
어떻게 갚사오며
슬하에서 삼 년 동안 길러주신 그 은혜,
결코 잊을 수 없나이다.
만세에 만세를 더 사신다 하셔도
자식의 마음에는 오히려 부족하거늘
인생 백년이라고들 하는데 백년도 다 채우지 못하셨으니
어머니의 수명은 어찌 그리 짧으십니까!

표주박 하나 매달고 거리에서 걸식하는 저야
이미 그렇다고 해도
아직 비녀도 꽂지 못한 채 규중에 있는 시집 못간 누이동생이
어찌 정말로 애처롭지 않겠습니까?

상단불공을 마치고 하단제사도 마치자
스님들은 제각기 방으로 돌아가고
앞을 보아도 뒤를 보아도 첩첩산중疊疊山中인데
어머니께서는 어디로 가시렵니까?
아! 참으로 슬프옵니다!

군더더기:

대사께서 전주시에 있는 용화산 일출암에 머물 때의 일입니다. 스님은 홀로 남은 어머니를 절 아래 왜막촌에 모셔다 놓고 아침저녁으로 마을로 내려가 어머니께 문안을 드렸는데, 하루는 어머니의 얼굴이 좋지 않아 어찌된 일인가 살펴보니, 모기 때문에 고생을 해 그런 것이었다는 것을 알았습니다. 그 길로 산신령山神靈을 불러 왜막촌에 모기가 없게 해달라고 당부했는데, 그 날 이후 어머니가 돌아가실 때까지 모기가 없었다고 합니다.

그리고 어머니께서 돌아가시자 고향인 전북 김제군 만경면 화포리에 위치한 유앙산維仰山에 장사를 지냈는데 어머니 묘를 돌보며 제사를 드리는 사람들에게는 대사께서 도력道力으로 그 해 농사가 잘되게 해주신다는 소문이 나자 원근遠近을 불문하고 사람들이 다투어 돌보게 되면서, 이 산소는 자손이 없어도 천 년 동안 향연기가 끊이지 않는다는 이른바 '천년향화지지千年香火之地'의 명소가 되었다고 하니 결과적으로 대사의 지극한 효성孝誠이 입적하신 뒤에도 오늘날까지 계속되고 있는 것입니다.

참고로 화포리火浦里란 지명은 당시에는 생불生佛로 추앙받던 진묵 대사께서 머물던 곳이란 뜻으로 마을 이름을 '불거촌佛居村'이라고 불렀었는데 훗날 '불거佛居'란 발음이 '불개[화포火浦]'로 변하고 이를 한자로 표기해 화포리가 되었다고 전합니다.

한편, 그래서인지 이 지역 출신의 한 선승禪僧께서는 망월사에서 춘성春城 스님과 해인사에서 성철性徹 스님 등을 모시고 수행하다 홀연 이런저런 것들을 모두 놓아 버리고 대중처소를 떠나 고향으로 돌아와 생가를 암자로 만들어 어머니가 91살에 돌아가실 때까지 봉양하며 마을 주민들과 함께 공부하셨고, 그 후 선객과 일반인들을 위한 참선 도량을 일으켜 후학들을 제접提接(이끌어 줌)하며 수행 정진을 지속해 오고 계신다고 합니다.

연암 박지원

실학파實學派의 원류源流였던 박지원朴趾源(1737-1805)의 아들 박종채朴宗采가 4년에 걸쳐 쓴 아버지의 언행과 가르침을 기록한 〈과정록過庭錄〉과 〈방경각외전放璚閣外傳〉 자서自序에 들어있는 효 관련 글 1편씩을 소개하고자 합니다.

선침온금扇枕溫衾
"서너 살 때 이미 매우 조숙早熟하여, 옛사람이 부모의 베갯머리에서 부채질하고 그 이부자리를 따뜻하게 한 일 등을 본받아 행하셨다."

- 〈과정록過庭錄〉

군더더기:

어려서부터 책읽기와 공부에 몰두했던 그는 당시 어린이 교재였던 〈명심보감明心寶鑑〉, 〈소학小學〉, 〈몽구蒙求〉 등을 접하며 일찍이 '효孝'의 중요성을 온몸으로 체득하고 이를 바탕으로 학문에 힘쓴 결과 그가 문장에서나 백성을 아끼는 면에서 중국 북송 시대를 살았던 소동파蘇東坡(1037-1101)와 필적할만한 삶을 살았다고 판단됩니다. 사실 소동파의 경우에는 당대 최고의 선승들인 동림상총 선사와 불인요원 선사 문하에서 수행을 했으나 박지원의 경우에는 스승의 별다른 도움 없이 실학파의 태두가 되었기에 더욱 그 빛을 발했다고 볼 수 있습니다.

또한 '백성을 편안케 하는 일이라면 못할 것이 없다!'며 당시 오랑캐 취급하던 청나라와 교류를 통해 새로운 문물을 적극 수용해야 한다고 주창했던 조선시대 연암燕巖 박지원朴趾源이 '실학實學'이라는 새로운 학문을 열었습니다. 참고로 여기서 '실학實學'의 진정한 뜻은 '백성들을 편안케 하기 위해 실천 방법까지 탐구해 구체적으로 제시하는 학문'이라고 할 수 있습니다. 따라서 박지원이 백성을 위해 헌신했던 그런 삶은 지극했던 효성이 바탕이 되었기에 가능했다고 판단됩니다.

덧붙여 여기서 옛사람은 〈몽구蒙求〉에 '아버지의 베개에 부채질을 하여 시원하게 만든 황향[황향선침黃香扇枕]'이란 제목으로 기록되어 있는 후한後漢(23-220) 시대를 살았던 황향黃香으로 1부 2장을 참고하십시요.

봉산학자전

박지원이 지은 9개의 전傳 가운데 하나이나 본문은 전하지 않고 〈방경각외전放璚閣外傳〉 자서自序를 통해 〈봉산학자전鳳山學者傳〉을 짓는 이유를 다음과 같이 시적詩的으로 전하고 있습니다.

집에서 효도하고 밖에서 공손하면,
배우지 않았어도 배웠다고 할 만하네.
이 말이 비록 지나칠지 모르지만,

거짓 군자를 경계할 만하네.
공명선公明宣은 글 읽지 않았어도,
삼 년을 잘 배웠으며
농부가 밭을 갈며,
아내를 손님같이 서로 공경하니,
한문을 읽을 줄 몰라도
참된 배움이라고 할 만하네.

入孝出悌 입효출제　未學謂學 미학위학
斯言雖過 사언수과　可警僞德 가경위덕
明宣不讀 명선불독　三年善學 삼년선학
農夫耕野 농부경야　賓妻相揖 빈처상읍
目不知書 목부지서　可謂眞學 가위진학

- 〈방경각외전放璚閣外傳〉 자서自序에서 발췌

군더더기:

이 글의 내용으로 보아 당시 바닷가의 구석진 고을로 풍속이 거칠고 문화가 매우 낙후한 지역이었던 황해도 봉산의 한 농민이 비록 한글밖에 모르지만 〈소학언해小學諺解〉를 읽고 모든 언행을 이에 따라 착실히 행하여 세간의 화제가 되었던 사실을 작품의 소재로 삼아 그가 비록 글은 잘 모르지만 위선적인 양반 학자들에 비해 손수 농사지으며 진실하게 사는 '선농일치禪農一致'의 모습이 학자의 모범이 될 만하므로 〈봉산학자전〉을 쓴 것이라 판단됩니다. 사실 이 농부는 '禪'이라는 용어를 몰랐겠지만 '선농일치禪農一致'의 삶을 살았던 것입니다.

가히 언어와 문자에 걸림 없는 선종禪宗의 격외선지格外禪旨에 필적할만한 유종儒宗의 격외유지格外儒旨라 할 만 합니다. 아니 언어와 문자를 중시하는 유종에서 이런 견해는 더욱 탁견卓見이 아닐 수 없습니다.

한편 공명선의 일화는 〈소학小學〉에 들어있는데, 그는 증자曾子의 제자로, 그의 문하에서 삼 년이나 있으면서도 글공부를 전혀 하지 않았다고 합니다. 이에 그 까닭을 묻자, 공명선은 스승인 증자의 모범적인 행동을 보고 따라 배우고자 노력했을 뿐이라고 답했으므로, 증자가 감복感服했다고 합니다.

사실 아무리 효행孝行에 관한 책을 많이 읽는다 하더라도 이를 온몸으로 실천하지 않는다면 모두 그림의 떡이라는 가르침이겠지요.

책만 읽는 바보 이덕무

다음은 〈청장관전서〉 제3권 '영처문고嬰處文稿'에 들어있는 연암 박지원의 제자였던 '책만 읽는 바보[간서치看書癡]' 이덕무 李德懋(1741-1793)의 글입니다.

효가잡고서

파산자坡山子가 그의 문집을 가지고 와서 완산자完山子(이덕무의 자칭自稱)에게 문집의 이름을 청하였다. 그래서 나 완산자는 3일 동안 문집의 제목을 고민한 다음 모지랑붓에 진한 먹을 찍어 그 머리에 '효가잡고孝暇雜稿'라고 큼직하게 써 놓았다. 부모를 잘 섬기는 것을 '효孝'라 하고, 효를 하고 남은 힘이 있는 것을 '여가餘暇'라 하며, 여가에 시를 짓거나 문장을 저술하여 서책書冊으로 기재한 것을 바로 '잡고雜稿'라 한다.

효란 이와 같은 것이니 어찌 단 하루인들
효도가 없을 수 있겠는가!
문장이란 참으로 효행을 하고 난 뒤의 여사餘事일 뿐이다.
호랑이가 제아무리 멋진 가죽이 있다 하여도 을골乙骨이 없으면 어찌 그 위용威容을 드러낼 수 있으며, 용이 제아무리 찬란한 비늘이 있다 하여도 여의주如意珠가 없다면 어찌 그 신묘한 힘[신력神力]을 행할 수 있으며, 사람으로서 효행을 실천하지 않는다면 제아무리 훌륭한 문장이 있다 하여도 또한 어찌 그 덕을 칭송할 수 있으랴!

이런 까닭으로 해서 군자는 먼저 효도를 닦아 효행을 실천하면 그밖에 백가지 행실行實이 이에 따라 모두 갖추어지게 되고, 백가지 행실이 모두 갖추어진 다음에 비로소 문장을 지으면 반드시 화순和順하고 기쁘며 담박澹泊하고 고요하여 이것을 읽는 사람으로 하여금 온화하게 선량한 마음이 일어나도록 한다.

그러나 반대로 만일 재주와 문장을 먼저하고 행실을 뒤로하면 설사 그 표현이 제아무리 밝고 아름다우며 조리條理있다 하더라도 이는 모두 사특邪慝한 것으로서 도저히 남을 진심으로 감복感服하게 할 수는 없는 것이다.

파산자는 나이가 어린데도 '효순孝順'에 뜻을 두어 날마다 동틀 무렵 부모님의 침소로 나아가서 얼굴을 온화하게 하고, 부드러운 목소리로 안부를 묻고 물러나 돌아와서 무릎을 단정하게 모으고 앉는다.

지기志氣가 바야흐로 왕성하여지며 성현의 글을 한두 편쯤 읽어 깊이 체험하면 고무鼓舞되고 흥에 겨워 스스로 그칠 수 없었다. 문장을 외고 도잠陶潛과 두보杜甫의 시를 읊조린다. 이렇게 하여 그 속에 온축蘊蓄하고 밖으로 발하는 것이 큰 것은

'서序'나 '기記'가 되고, 작은 것은 '율시律詩'나 '절구絶句'가 된다. 이것들을 또한 높이 읊고 낭송朗誦하여 즐거움이 깊어간다.

조금 후에 계집종이 아침식사 때를 알려오면 부모님께서 식사하시는 것을 모시어 받들고는 돌아와서 아침에 하던 일과日課를 계속하며, 날이 어두워지면 잠자리를 정하여 드리고는 돌아와서 낮에 하던 일과日課를 계속한다.

책 한 권이 완성되면 늘 완산자로 하여금 읽어 평정評訂하게 하였으니, 이것이 효행을 실천하고 난 여가에 시와 문장을 저술하여 잡고를 만든 것이다.

나, 완산자는 다음과 같이 거듭 말하였다. '파산자는 효행을 먼저 실천하고 재주를 뒤에 하였으므로 그 말이 부드럽고 기쁘며 담박하고 고요하기 때문에 단지 문장이 빛나고 아름다울 뿐만이 아니네.

아! 파산자여! 파산자여! (지금처럼 부디) 호랑이의 을골이나 용의 여의주를 잃는 일이 없게 하시게!'

1762년(임오년壬吾年, 영조38) 11월 12일에 완산자가 찬撰하다.

군더더기:

사실 당시에 성현聖賢의 글을 읽고 문장을 외고 두보杜甫 같은 시인의 시를 읊조리며, 시를 짓거나 문장을 저술하여 서책書册으로 내는 일은 선비들이 마땅히 해야 할 전문직 일과日課였습니다. 그러나 학덕學德이 높았던 이덕무는 맡은 바 본분사本分事는 여가餘暇에 하는 일이고 이보다 선행先行해서 해야 하는 일은 효도孝道라는 점을 이 글을 통해 분명하게 밝히고 있습니다.

참고로 여기서 을골乙骨은 범의 양쪽 갈빗대 밑에 길이 3치 정도인 '乙'자 모양의 뼈를 말하는데, 이 뼈가 위엄을 낸다하여 일명 위골威骨이라고도 합니다. 또 여의주는 용의 턱 아래에 있다고 하는 구슬로, 이 구슬을 얻으면 변화를 마음대로 부릴 수 있다고 전합니다.

암행어사 이우재

순조純祖(1790-1834) 8년(1808년)에 이우재李愚在(1765-?)는 경상좌도慶尙左道 암행어사暗行御史를 제수除授받아 경상좌도의 거창, 영덕, 청송, 경산, 봉화, 풍기, 대구, 의성 등지를 다녀와 별단別單(임금에게 보고하는 본 내용의 문서에 참조할 수 있도록 첨부한 문서)을 바쳤습니다. 〈일성록日省錄〉에 들어있는 이 별단에는 환곡, 군정, 벌목의 폐단 등 각 고을의 사정뿐만 아니라 효부, 효자, 숨은 인재 등에 대해서도 상세한 보고를 올리고 있는데 그 가운데 효자 비리 사건을 마무리 짓고 그 피해자였던 권성범權聖範을 효자로 인정하도록 품신稟申하는 글을 소개하고자 합니다.

"안동安東 하리下吏 권성범權聖範은 지극한 효심으로 부모를 섬겼으며 모친상을 당하여서는 처음부터 끝까지 변함없이 예제禮制를 따르니, 장사를 지내기 전 때가 엄동설한嚴冬雪寒임에도 거적자리를 깔고 오랫동안 있었습니다. 그리고 장사를 지낸 후에는 날마다 분묘에 갔습니다. 길이 두 물줄기 사이로 떨어져 있었으며 큰 늪이 있고 물의 흐름이 끝나면 어두운 숲이 이어지는데, 물을 걸어서 건너 홀로 가서 호곡하고 애통해하는 것을 매일같이 하였습니다. 사람들이 모두 효자라 이름 하였습니다. 청컨대 해당 관청[해조該曹]으로 하여금 품처稟處(윗사람에게 여쭈어서 처리함)하도록 하시어 정표旌表(선행을 칭찬하고 세상에 드러내어 널리 알림)를 시행施行하소서."

군더더기:

이우재는 1808년(순조 8) 경상좌도 암행어사로 파견되어 경상도를 감찰하고 돌아와 환곡의 폐단을 바로 잡아 혁신할 것, 여러 역을 부과하는 폐단을 없앨 것 등을 상소하였는데, 이때 안동 땅을 암행하다가 안동의 하리 권성범이 효행孝行 포상褒賞에서 제외된 것을 발견하고 아전들과 효행 대필업자의 비리를 밝혀내게 됩니다. 위에서 소개한 별단의 글에 얽힌 뒷이야기의 대강 줄거리는 다음과 같습니다.

어사 이우재는 수행하던 관노官奴 용범이 복통을 일으켜 쉬게 하고 혼자 안동을 향해서 걸어가고 있었습니다. 길을 잃고 헤매다가 어디선지 들려오는 호곡 소리를 따라 어두운 숲으로 난 덤불길을 헤쳐 가니 한 사내가 무덤 앞에서 상복을 입고 애통하게 호곡을 하고 있었습니다. 그는 사내에게 다가가 안동 가는 길을 묻자 사내는 공손하게 대답한 뒤 다시 호곡을 시작했습니다. 그는 고맙다는 인사를 한 뒤 헤어져 안동 땅 삼거리 주막에서 든 이우재는 주모에게 숲 속에서 호곡하는 사내의 정체를 물었습니다. 주모와 곁에 있던 사람들이 이구동성으로 그 사내는 하늘이 낸 효자 권성범이라고 했습니다. 그러나 힘이 없어 당사자는 받지 못하고 돈 있고 힘 있는 엉뚱한 가짜 효자, 가짜 열녀들이 주로 표창을 받고 있는 현실이라는 푸념까지 함께 듣게 되었습니다.

어사御使 이우재는 사노 용범과 다른 고을을 염탐하느라 잠시 헤어졌던 서리들과 합류하자, 안동 관아에 출두出頭하여 장부와 창고를 조사한 다음, 마지막으로 효행열녀의 추천서들을 검토해 호방의 온갖 비리를 밝혀내었습니다.

어사는 호방을 형틀에 묶고 심문한 뒤 감옥에 수감시켰으며 가짜 효자인 오부자는 포상을 취소하고 곤장 10대를 친 뒤 방면하였습니다. 또한 돈을 받고 효자 추천서를 써주는 일을 생업으로 삼은 한량閑良 역시 형틀에 묶어 심문한 뒤에 정배定配(귀양)에 붙였습니다. 그후 서울에 돌아온 어사 이우재는 권성범의 효행을 임금님께 아뢰고 그에게 포상할 것을 건의했고, 임금은 이를 윤허해 1808년 정려旌閭가 내려졌으며, 남선면南先面 신석리申石里에 비각碑閣이 있습니다. 또 그 아들 권사도權思度도 부모에 대한 효성이 지극하여 1901년(고종 38) 효자 정려를 받았다고 합니다.

한편 100세 초고령화 시대로 접어들고 있는 오늘날 집안 밖으로는 효자, 효녀로 소문났으나 집안 어르신들을 가슴 아프게 하는 가짜들의 경우 이들을 개과천선할 수 있도록 선도하는 방안을 포함해 어르신들이 여생餘生을 행복하게 보낼 수 있도록 하는, 다각적인 방안들을 지혜롭게 강구할 시급한 때라 판단됩니다.

다산 정약용

다산茶山 정약용丁若鏞(1762-1836)의 저서인 〈목민심서牧民心書〉의 제4강인 '애민육조愛民六條' 가운데 그 첫 번째 조목條目인 '양로養老'를 통해 실천 방법까지 구체적으로 기술하면서 다음과 같이 어르신 공경恭敬의 중요성을 강조하고 있습니다.

양로養老의 예禮가 폐지되어 백성이 효도孝道하는 법을 모르게 되니 백성을 위한 목민관[목자牧者]이 된 자는 이를 다시 거행擧行하지 않으면 안 됩니다.

재력이 부족할 때 거행하는 경우에는 참석 범위를 넓혀서는 안 됩니다. 대체로 80세 이상 되는 어르신을 골라 초청하는 것이 바람직할 것입니다.

양로의 예 가운데에는 반드시 좋은 말씀을 구하는 것도 있으니, 백성의 괴로움을 들어주고[순막詢莫], 질병을 묻는 것[문질問疾]이 마땅한 예禮입니다.

예법에 의하되 그 의식절차[문절文節]는 간결하게 하고 향교鄕校[학궁學宮]에서 거행하도록 합니다.

옛 성현[전철前哲]들이 이를 닦고 시행施行하여 이미 상례常

禮가 되었기에 아직도 이 분들의 아름다운 자취가 전해져오고 있습니다.

때때로 어르신을 우대하는 혜택惠澤을 시행한다면 백성들이 어르신을 공경하는 법을 스스로 알 것입니다.

섣달그믐[세제歲除] 이틀 전에 어르신[기로耆老]들께 음식을 돌려야 합니다.

군더더기:

연암 박지원에서 출발한 실학 정신을 이어받아 실학사상을 집대성한 정약용은 비단 위에서 언급한 제4강인 '애민육조愛民六條' 가운데 그 첫 번째 조목條目인 '양로養老'뿐만이 아니라 그의 저서인 〈목민심서牧民心書〉 전체를 통해 목민관牧民官의 존재 목적은 '오직 국민들을 잘 살게 하는 것에 있다.'라는 점을 12강綱 72조條로 나누어 분명하게 밝히고 있습니다.

어머니의 마음

작사 양주동, 작곡 이흥렬

나실 제 괴로움 다 잊으시고
기를 제 밤낮으로 애쓰는 마음
진자리 마른자리 갈아 뉘시며
손발이 다 닳도록 고생하시네.
하늘 아래 그 무엇이 넓다 하리오.
어머님의 희생은 가이없어라.

어려선 안고 업고 얼러주시고
자라선 문 기대어 기다리는 맘
앓을사 그릇될사 자식 생각에
고우시던 이마 위에 주름이 가득
땅 위에 그 무엇이 높다 하리오.
어머님의 정성은 지극하여라.

사람의 마음속엔 온가지 소원
어머님의 마음속엔 오직 한 가지

아낌없이 일생을 자식 위하여
살과 뼈를 깎아서 바치는 마음
인간의 그 무엇이 거룩하리오.
어머님의 사랑은 그지없어라.

군더더기:

이 노랫말은 무애无涯 양주동梁柱東(1903-1977) 박사가 자신을 지극 정성으로 키워주시다 일찍 세상을 떠나신 어머님에 대한 회한이 깊었었는데, 당시 일제 당국으로부터 "가정 가요"에 맞는 작사 의뢰를 받아 만든 것으로, 1941년 〈삼천리〉 9월호에 발표되었습니다. 그런데 〈불설대보부모은중경〉에 '부모님으로부터 입은 열 가지의 은혜'를 게송偈頌으로 노래한 대목이 있는데, 이 노랫말을 지을 당시 양주동 박사께서 이를 참조하고 그 뜻을 집약해 지었다고 합니다.

그리고 당시 경성 방송국(지금의 KBS 방송국)에서 활동하시던 이흥렬李興烈(1909-1981) 작곡가께서 곡을 붙여 "어머니의 마음"이란 가정 가요로 전국에 방송한 것이 오늘날 우리가 부르고 있는 이 노래입니다. 한편 '어머니날'은 1956년부터 매년 5월 8일로 지정되었으며, 아버지의 고마움까지 포함하자는 여론 수렴에 따라 1973년부터는 '어버이날'로 변경되었다고 보여 집니다.

2장
동양의 효

" 저물어가는 황혼녘에 근심 크실 텐데
게다가 자식 만날 기약조차 없으시네.
아! 인생 백년에 이제 몇 날이나 더 뵈올 수 있을 런지.
이를 마주하고 길이 슬퍼하노라."

- 〈치문숭행록〉에서

계승 선사의 '효론'

북송北宋의 불일계숭佛日契嵩(1007-1072) 선사께서는 그의 저서인 〈보교편輔敎篇〉에 들어있는 '효론孝論' 12장을 통해 "효孝는 모든 계율戒律의 근본이기 때문에 불제자로서 효를 잊어버리면 파계破戒를 하는 것입니다! 따라서 효는 그 어떤 계율보다 우선해 지켜야 하는 것입니다!"라고 갈파하며 '효'에 있어서 출가자도 결코 예외일 수 없다는 견해를 극명하게 밝히고 있는데 그 가운데 몇 장을 살펴보면 다음과 같습니다.

책머리에

효孝는 삼교三敎(유교, 불교, 도교)에서 모두 존중尊重하지만, 사실 이 가운데 불교에서 더욱 존중합니다. 그런데 비록 그 가르침이 그렇다고 하더라도 세상에 분명하게 드러내지 못한 것은 모두 우리 불제자佛弟子들이 이를 널리 알리지 않았기 때문입니다. 나는 이를 슬퍼하고 개탄慨歎하며 몹시 부끄러워했습니다.

돌이켜보면 일곱 살 무렵 선친께서는 임종하실 때에 나에게 반드시 출가出家를 하라고 하셨습니다. 그런데 큰 형과 작은 형은 나를 설득하면서 그 뜻을 꺾으려 하였으나 집안에서 오직 어머니 한 분만이 "이는 아버지의 뜻이니 바꿀 수 없다."라고 잘라 말씀하셨습니다. 마침내 나는 어머니의 뜻에 따라 도道[불법佛法]를 사방으로 찾아 나서려할 때 모든 친척들이 이를 만류하였지만, 역시 어머니께서는 "너는 부처님을 따라 그 가르침을 익히는데 충실해야 한다."고 말씀하시면서, "어찌 사사로운 정으로 수행의 길을 못 가게 주저앉힐 수 있겠느냐! 너는 당당하게 네 길을 가거라!"고 하셨습니다.

오호!
나를 낳으신 부모님!
나를 기르신 부모님!
어머니는 결국 나로 하여금 도道를 이루게 하셨습니다.
정말 부모님의 은혜는 이루다 헤아릴 수가 없습니다.
(그러니) 어찌 그 크신 은덕恩德에 보답할 수 있겠습니까!
고향을 떠나온 지 27년째 아직도 고향에 돌아가서 부모님 영전에 예를 갖추지 못하였는데 자식 된 도리로서 진정 이럴 수가 있단 말입니까?

신묘년辛卯年(1051년)은 불법佛法을 널리 선양宣揚하기 어려웠는데 특히 올해(1052년)는 (지방관의 폭정에 반대하여 광시성廣西省과 베트남에 걸쳐 독립 정권을 세웠던 농지고儂智高라는) 대도大盜가 고향에 출몰했다고 하는데, 부모님 무덤까지도 도적질이 미칠 것을 생각하니 눈물이 앞을 가립니다. 올해 어지럽던 일들이 진정되고 느끼는 바가 있어 '효론孝論12장'을 지어 그 마음을 있는 그대로 드러내고자 합니다.

이제 내가 불조佛祖의 크신 효심孝心과 그 심오한 이치와 비밀스런 뜻을 드러내 밝히고, (요즈음 세상 사람들이 널리 받들고 있는) 유교의 가르침과도 회통會通하게 하고자 하니 우리 스님 네들과 후학後學들은 자세히 살펴보시기를 간절히 바랍니다.

효는 계율보다 앞서 지켜야 하는 것

두세 명의 아이들이 머리를 깎고 출가를 하였는데, 부모님의 부름을 받고 "불제자로서 사양하고 가지 않겠습니다."라고 나에게 말했을 때 나는 다음과 같이 조언을 해주었습니다.

"불제자로서 인정人情이 옳다고 한다면 (애지중지 길러주신) 부모님을 결코 잊을 수는 없는 것이네." 이 말을 들은 뒤 많은 제자들이 석가세존과 나의 말을 믿고 따르기 시작했습니다.

"계율戒律[대계大戒]은 곧 효孝이며 효는 곧 계율인 것입니다." 세밀히 살펴보면 모든 것이 효를 계율의 시발점으로 삼고 있습니다. 따라서 불제자로서 효를 잊어버리면 파계를 하는 것이며, 효는 계율보다 앞서 지켜야하는 것입니다. 한편 계율로부터 모든 선善이 일어나며, 또한 계율은 선을 포함하기 때문에 선이 어떻게 사악함을 일으킬 것이며, 계율은 효를 포함하기 때문에 계율이 어떻게 스스로 사악해질 수 있겠습니까? 그러므로 경經에서 "내가 속히 무상無上하며 바르고 진실한 도를 이루고자 하는 것은 효덕孝德에 의한 것이니라."라고 일깨우고 있는 것입니다.

정성스레 효 행하기

효에는 볼 수 있는 것과 볼 수 없는 것이 있는데, 볼 수 없는 것은 효의 이치理致이며, 볼 수 있는 것은 효의 행行입니다. 이치는 효를 일으키게 하며 행行은 효의 형용形容, 즉 겉으로 드러내는 바를 말하는 것입니다. 비록 형용을 갈고 닦더라도 그 속에 수행修行함이 없다면, (마음속으로부터 우러나오는 것이 아니기 때문에) 곧 부모를 섬기는데 돈독한 것이 아니며 사람에게 베푸는데 성실치 못한 것입니다. 수행하는 속에서 형용을 함께 닦는다면 어찌 자기 부모님만 섬기고 다른 사람에게 베풀지 않겠습니까? 이로써 천지가 진동하며 귀신도 감동하게 될 것입니다. 천하의 진동과 효는 같은 이치이며 귀신의 감동과 효는 존엄한 것입니다. 그러므로 천지와 귀신은 옳은 것이 아니라고 하여 불효하거나 옳은 것이 아니라면 거짓된 효인 것입니다.

세존께서 말씀하시기를 "지극한 도道인 법에 효순孝順하라."고 하셨고, 유교에서는 "만일 효를 그대로 방치해 두면 온세상

[천지天地]이 구차苟且하게 되고, 효를 널리 펴면 온 세상에 널리 유행流行[횡행橫行]하게 되는데 이를 후세에 베푸는 데에는 아침과 저녁이 따로 없다"라고 했습니다. 그리고 또 "효는 하늘의 길이며 땅의 뜻이므로 백성이 행해야 한다."고 했습니다. 사실 지극히 큰 것은 효가 도道가 되는 것입니다. 이런 까닭으로 내가 귀의한 성인이신 석가세존께서는 사람을 선善하게 하고자 할 때, 반드시 그 참 본성을 정성스럽게 한 뒤 모든 행을 드러나게 하셨습니다.

효행은 부모님을 봉양하는 것이며 그 행이 정성스럽지 못하면 그 봉양은 (지속되지 못하고) 한 때로 없어지는 것입니다. 그러므로 정성스럽게 효를 행하는 것이 어버이를 섬기는 것이며, 온전하게 모든 사람에게 정성스럽게 모든 행을 균등하게 베푸는 것입니다. 그러므로 효는 본받아야 하며, 정성스러워야 이 속에서 도가 이루어집니다. 본받는다는 것은 효를 말하며, 효를 본받지 않으면 정성스러움이 이루어지지 않습니다. 그러므로 (세존 같은) 성인의 효에는 정성스러움이 깃들어 있습니다. 유교에서도 "군자는 정성스러워야 한다."고 하지 않습니까!

효를 바탕으로 세상살기

효는 선에서 나오며, 사람은 모두 착한 마음이 있는데 불교에서 어떻게 이를 널리 펴지 않겠습니까? 곧 선은 거창하지 않으며 효는 작은 것에 까지도 배려합니다.

불교가 도道인 것은 다른 사람의 부모님을 뵐 때 자기 부모님을 뵙는 것과 같으며, 모든 생물의 생명을 지키는데 마치 자기 생명을 지키듯이 하기 때문입니다. 그러므로 선한다는 것은 조그만 곤충昆蟲까지도 편안함을 주는 것이며 선하다는 것은 귀신鬼神조차도 모두 인도하는 것입니다. 만일 이런 효로 처세하면 세상과 더불어 평화롭고 분쟁이 없을 것입니다. 또한 이런 선으로 출세하게 되면 세상과 더불어 대자비大慈悲로 세상을 인도할 것입니다. 그러므로 "군자가 도에 힘씀에 변별하지 않는 것은 옳지 않으며 선에 힘쓰는 것에 등급이 없습니다."고 하는 것은 옳지 않은 것입니다. 그래서 중용에 말하기를 "지덕至德한 사람과 지도至道한 사람을 성취할 수 없는 것은 아니다."고 한 것이 이 말입니다.

주굉 선사의 〈죽창삼필〉과 〈치문숭행록〉

연지蓮池 대사大師로 널리 알려진 명말明末 항주杭州 운서사雲棲寺에 주석하시던 운서주굉雲棲袾宏(1532-1612) 선사께서 편찬한 저서들 가운데 〈죽창삼필竹窓三筆〉에서 효와 관련된 글 2편과 석가세존께서 활약하던 시대에서부터 명대明代에 이르기까지의 출가사문으로서 덕행德行이 있었던 분들의 행적이 담겨있는 〈치문숭행록緇門崇行錄〉에서 효와 관련된 제4장 '부모님께 효도하는 덕행[효친지행孝親之行]' 가운데 글 3편을 발췌해 소개하고자 합니다.

승려도 마땅히 부모님께 효도를 다해야 합니다

승려로서 부모님께 불효한 자를 내가 크게 나무란 적이 있었습니다. 어떤 이가 다음과 같이 물었습니다.

"출가를 했다는 것은 이미 부모님 곁을 떠나 혈육血肉의 정情을 끊은 것인데, 이를 나무라시면 오히려 은애심恩愛心을 부추기는 것이 아닙니까?"

그래서 내가 이르기를, "아! 그게 무슨 말인가! 대효大孝의 본보기를 보이신 석가세존께서는 무수한 세월 동안 부모님의 은혜를 갚으셨으며 그 인연을 쌓았기 때문에 정각을 이루신 것이네." 또한 〈범망경梵網經〉에서도 "계율에 비록 만행萬行이 있으나, 그 가운데 효도孝道가 으뜸이다."라고 일깨우고 있습니다.

한편 〈불설관무량수불경佛說觀無量壽佛經〉에서 "부모님께 효도하며 봉양하는 것이 청정한 업을 짓고 바른 인연을 쌓는 것이다."라고 일깨우고 있습니다. 또 어떤 옛어른[故人]은 집을 따로 지어 어머니를 모셨으며, 어떤 이는 늘 어머니를 등에 업고 걸식을 하기도 했으나, 일찍이 은애심에 얽매인 적이 없었으니, 어찌 부모님과의 혈육血肉의 정情을 끊었겠습니까!

그러나 시주施主와 교분을 맺고 끊임없이 음식이나 물품을 주고받으며, 제자에게 부모님과 형제자매와의 혈육의 정보다 더한 애정을 느끼고 있는 것은, 부모가 없으면서 부모가 있는 것이요, 하나의 애정愛情에서 벗어나 또 다른 애정 속으로 빠져든 것입니다. 어찌 이렇게 뒤바뀐 경우가 있을 수 있겠습니까!

자! 자기는 도처에 살고 있는 시주들의 공양을 받아 편안히 배부르고 따뜻하게 살면서도, 부모님이 주리고 추위에 떨면서 외롭게 지내시는 것은 못 본 척 외면하고도 그대의 마음이 편하다면 계속해서 그렇게 살도록 하십시오!

(그러다 훗날 무간지옥無間地獄으로 떨어지는 업보業報를 반드시 받을 것입니다!)

– 〈죽창삼필〉에서 발췌

세간과 출세간의 효도

세간世間의 효도에는 세 가지가 있고, 출세간出世間의 효도는 오직 한 가지뿐입니다.

세간의 효도는, 첫째는 뜻을 맞추고 좋은 의복을 해 드리며, 맛있는 음식으로 부모님을 봉양하는 것입니다. 둘째는 과거시험에 합격해 벼슬에 나아가며, 아울러 국가에서 주는 녹봉祿俸[작록爵祿]으로 부모님을 영화롭게 해 드리는 것입니다. 셋째는 덕을 닦고 힘써 행하여 성현聖賢이 되는 것으로 부모님의 명성까지도 널리 드러나게 해드리는 것입니다. 따라서 이 세 가지가 곧 소위 세간의 효도라고 하는 것입니다.

반면 출세간의 효도는, 부모님께 권하여 계율을 지키고 도를 행하게 하며, 일심으로 칭명염불하여 극락왕생을 염원하시게 하여 영원히 사생四生을 벗어나고, 완전히 육도六道[육취六趣] 윤회에서 벗어나서 연화대에 태어나 아미타부처님을 친근하여 불퇴전을 얻게 해드리는 것이니, 자식이 부모님의 은혜에 보답하는 길이 이보다 더 큰 효도는 없는 것입니다.

(참고로) 나는 전에 막 입도入道했을 무렵에 양친께서 돌아가셨으므로 '스스로 불효를 애통하는 글[자상불효문自傷不孝文]'을 지어 슬프고 애통한 마음을 달랜 적이 있었습니다.

지금에 이르러 재가나 출가 모두 구별 없이, 양친이 모두 살아계신 축복받은 이들을 마주대할 때마다 더욱 비통함이 복받쳐 하염없이 눈물을 흘리곤 합니다. (그렇기 때문에 나처럼 후회하지 않으시도록 출세간의 큰 효도로 부모님을 봉양하실 것을 늘) 삼가 머리를 조아려 권해드리곤 합니다.

- 〈죽창삼필〉에서 발췌

영험한 우란분재

석가세존 당시 대목건련大目犍連은 지극한 효성으로 어머니를 섬겼으며, 어머니가 돌아가시자 출가하여 부지런히 도를 닦아 육신통六神通을 체득하였습니다. 돌아가신 어머니가 아귀餓鬼 무리 가운데 태어난 것을 보고 음식을 가지고 가서 드리고자했으나, 음식이 맹렬한 불로 변해 버렸습니다. 목건련이 통곡하며 이 사실을 세존께 고하자 세존께서 말씀하셨습니다.

"그대의 어머니는 죄가 지중至重하여 그대 한 사람의 힘으로는 어찌 해볼 수가 없느니라. 반드시 여러 스님들의 위신력을 빌어 7월 15일 부처님의 환희일歡喜日과 스님들의 자자일自恣日에 맞추어 어머니를 위해 우란분재盂蘭盆齋를 베풀고 부처님과 수행공동체에 공양해야만 비로소 아귀餓鬼의 고통에서 구제할 수 있으리라."

목건련이 세존의 가르침대로 재를 베풀자 그의 어머니께서 그 날로 아귀의 고통에서 벗어났습니다. 또한 천도해 준 덕분에 드디어는 천상에까지 태어나게 되었으니 이로 인해 영험靈驗한 우란분재 법회가 오늘날까지도 널리 유통하게 되었던 것입니다.

찬탄하노라.
살아서 봉양하고 죽어서 장례 지내는 것은 작은 효도이며
살아서 기쁘게 해드리고
죽어서 그 이름을 빛나게 하는 것은 큰 효도이네.
살아서 올바른 믿음으로 인도하고
죽어서 그 영혼을 천도함은
큰 효도 가운데 가장 큰 효도이니
목건련의 효도가 이러한 것이네.

- 〈치문숭행록〉에서 발췌

어머니를 업고 강론을 듣다

수隋 나라 경탈敬脫(555-617) 스님은 급군汲郡 사람으로 어려서 출가하였는데, 효성스럽고 청정하며 강직하다고 소문이 났습니다. 강의를 들으러 갈 때면 스님은 항상 짐을 지고 다녔는데 한 어깨에는 어머니를, 또 한 어깨에는 경전과 종이와 붓을 꾸렸습니다. 공양시간이 되면 어머니를 나무 그늘아래 앉혀놓

고 마을로 들어가 걸식하였습니다.

- 〈치문숭행록〉에서 발췌

우물을 파서 아버지에게 보답하다

당唐 나라 혜빈慧斌 스님은 연주兗州 사람으로 늙으신 아버지가 조정에 계시므로 효도하고 공경할 길이 없었습니다. 이리하여 문수汶水 남쪽 여러 갈래 길이 교차하는 곳에 '의정義井'이라는 우물 하나를 만들어 부친의 은혜에 보답하고, 비를 세워 명銘을 새겼는데 거기에 이런 구절이 있습니다.

저물어가는 황혼녘에 근심 크실 텐데
게다가 자식 만날 기약조차 없으시네.
아! 인생 백년에 이제 몇 날이나 더 뵈올 수 있을 런지.
이를 마주하고 길이 슬퍼하노라.

殷憂暮景 은우모경
見子無期 견자무기
百年幾日 백년기일
對此長悲 대차장비

- 〈치문숭행록〉에서 발췌

정강이 살을 베어주고 출가하다

당唐 나라 감종鑑宗(?~866) 스님은 호주湖州 장성長城 사람으로 성은 전씨錢氏였는데 아버지인 전성錢晟이 병이 들자 정강이 살을 잘라 다른 고기라고 속여 공양하였습니다. 그러자 아버지의 병이 나았습니다. 그 후 출가를 구하더니, 염관오종鹽官惡宗 스님을 배알하였는데, 대중을 따라 참례하고 법문을 청하는 자리에서 마음의 근원을 홀연히 깨달았습니다. 함통咸通 연간(860~873)에 천목산天目山 동쪽 봉우리인 경산徑山에 머물렀는데, 경산 제2조第二祖라 불리웠습니다.

- 〈치문숭행록〉에서 발췌

마무리글

세상 사람들은 '불교에서는 부모를 모른다'고 비판하나 불교에서의 효행은 오히려 세상 사람들보다 지극하니, 전기에 실린 내용이 분명한 증거가 아니겠습니까! 그러나 지금은 뱀이나 전갈처럼 스님들을 질시하는 자가 있으니 이는 (무지無知한) 승려들의 죄인 것입니다. 가히 통탄할 일이니, 그 죄에는 3가지가 있습니다.

첫째, 시방十方의 공양을 편안하게 누리면서 부모님을 생각하지 않는 것이고, 둘째, 배나 수레에 도도하게 앉아서 부모님께 마치 종처럼 끌게 하는 것이며, 셋째, 애정을 끊고 출가했으면서 따로 다른 남녀에게 예배를 올리고 부모님으로 삼는 일입니다. 원컨대, 세상 사람들이여! 이 세 부류의 무지한 승려들을 보고 (수행 잘 하고 계신) 다른 스님들까지 비방하지는 마십시오.

- 〈치문숭행록〉에서 발췌

군더더기:

주굉 선사께서 〈치문숭행록〉에서 효 관련 글을 다루면서 계숭 선사께서 '효론'을 통해 제창한 '출가한 승려라도 부모님에 대한 효도에 대해서는 재가와 결코 다를 바가 없다!'는 견해를 철저히 계승했을 뿐만 아니라 제齊 나라 도기道紀 스님, 양梁 나라 법운法雲(467-529) 스님 및 후주後周 도비道丕 스님의 일화를 보다 상세히 기록하고 있는 것으로 미루어 계숭 선사의 효도관에 깊은 영향을 받은 것 같습니다.

덧붙여 이 글들 가운데에는 '한국편'에서 언급했던 〈삼국유사〉에 나오는 효 관련 일화들과 유사한 내용도 있는데 이는 불교라는 가르침을 공유하고 있기 때문인 것 같습니다.

아버지의 베개에 부채질을 하여 시원하게 만든 황향

후한後漢(23-220) 시대를 살았던 황향黃香은 자를 문강文强이라고 하며 강하군 안릉현 사람입니다. 널리 경서를 익히고 또 노장사상에 정통했으며 문장에도 뛰어났습니다. 수도의 사람들은 '천하에 견줄 사람이 없는 훌륭한 강하군의 황동[천하무쌍天下無雙 강하황동江夏黃童]'이라고 불렀습니다. 벼슬자리가 추기樞機를 관장하는 상서령尚書令에서 위군태수魏郡太守까지 지냈습니다.

훗날 시인 도연명陶淵明(365-427)은 이렇게 말했습니다.

"황향은 아홉 살 때 어머니가 돌아가셨다. 그런데 어머니가 그리워 슬퍼하고 한탄하여 점점 야위어 뼈만 남게 되었다. 그리고 아버지에게 모든 힘을 다해서 효도를 했다. 겨울에는 덮을 침구도 입을 바지도 없을 정도로 가난하면서도 아버지에게는 모든 맛있고 좋은 음식을 드렸다. '선침온금扇枕溫衾' 즉, 여름에 더울 때는 아버지가 자고 있는 잠자리나 베개를 부채질하고, 추울 때는 자신의 체온으로 아버지가 앉을 자리를 따뜻하게 해서 아버지를 앉게 했다. 그때의 천자인 화제和帝가 이 이야기를 듣고 황향의 행동을 칭찬해서 특별한 선물을 하사했다."

- 〈몽구蒙求〉에서 발췌

군더더기:

황향이 위군태수 시절에 고을이 수재를 당하자 녹봉과 황제가 하사한 재물을 모두 이재민들을 구제하는 데 사용하여 고을 백성들로부터 추앙을 받았다는데, 이는 황향의 지극했던 효성이 바탕이 되었기에 가능했다고 판단됩니다.

효심이 지극한 까마귀를 노래한 백거이

　백거이白居易(772-846)는 중국 당나라 때 시인으로 자는 낙천樂天이고 호는 취음선생醉吟先生입니다. 어려서부터 총명하여 5세 때부터 시 짓는 법을 배웠으며 15세가 지나자 주위 사람을 놀라게 하는 시재를 보였습니다. 대대로 가난한 관리 집안에 태어났으나, 800년 29세로 진사進士에 급제하였고 32세에 황제의 친시親試에 합격하였으며, 그 무렵에 〈장한가長恨歌〉를 지었는데, 이 시가 세상에 알려지면서 많은 사람들이 그의 높은 재주에 감탄하였습니다. 807년 36세로 한림학사翰林學士가 되었고, 이듬해에 좌습유左拾遺가 되어 유교적 이상주의의 입장에서 정치·사회의 결함을 비판하는 작품들을 계속 발표하였습니다. 811년 40세 때 어머니가 돌아가시고, 이듬해에는 어린 딸마저 잃자 인생에 있어 죽음의 문제를 깊이 생각하게 되었고 불교에 대한 관심이 커졌다고 합니다. 이 무렵 3년간 관직을 사직하였지만, 다시 조정朝廷에 나아가 842년 71세 때 형부상서刑部尚書에서 물러났으며 75세에 입적入寂했습니다. 한편 831년 원진 등 옛 친구들이 세상을 떠나자 인생의 황혼을 의식하고 낙양 교외에 위치한 용문龍門의 여러 절을 자주 찾았고 그 곳 향산사香山寺를 보수 복원하여 '향산香山 거사居士'라는 호를 쓰며 불교에 심취했다고 합니다.

한편 45세 때 지은 〈비파행琵琶行〉은 그를 당나라에서 가장 뛰어난 시인이 되게 하였는데, 대체로 그의 시는 짧은 문장으로서 누구든지 쉽게 읽을 수 있는 것이 특징입니다. 여기에서는 효심이 지극한 까마귀를 소재로 읊은 시 한 편을 소개하고자 합니다.

효성스런 까마귀가 밤에 우짖는 소리에

효성스런 까마귀 그 어미를 잃고
까악까악 슬픈 소리를 토해내네.
주야로 날아가지 않고
해가 지나도록 옛 숲을 지키네.
밤이면 밤마다 울어대니
듣는 자 옷깃을 적시게 하네.
소리에 하소연하는 듯하니
도리어 어미를 먹이는 마음 다하지 못 해서이네.
온갖 새들 어찌 어미가 없으려만
너만 홀로 슬픔과 원망이 깊구나.
응당 이 어미의 사랑 소중하여
너로 하여금 슬픔이 달라붙지 못하게 함이라

옛날에 (배은망덕한) 오기吳起라는 자가 있어
어머니가 돌아가신 초상初喪에도 달려가지 않았네.
아! 슬프도다. 이 같은 무리는
그 마음이 까마귀만도 못하구나.
효성스런 까마귀여! 까마귀여!
새 가운데 증삼曾參과 같구나.

慈烏失其母 자오실기모　啞啞吐哀音 아아토애음
晝夜不飛去 주야불비거　經年守故林 경년수고림
夜夜夜半啼 야야야반제　聞者爲沾襟 문자위첨금
聲中如告訴 성중여고소　未盡反哺心 미진반포심
百鳥豈無母 백조기무모　爾獨哀怨心 이불애원심
應是母慈重 응시모자중　使爾悲不任 사이비불임
昔有吳起者 석유오기자　母歿喪不臨 모몰상불림
哀哉若此輩 애재약차배　其心不如禽 기심불여금
慈烏復慈烏 자오부자오　鳥中之曾參 조불지증삼

군더더기:

스승인 공자孔子(BC 551-479)와 효에 관해 주고받은 문답을 정리한 〈효경孝經〉의 저자인 증삼曾參(BC 506-436)은 자는 자여子輿이며 공자 제자 가운데 효심이 두텁고 안으로 성찰한 바를 몸소 실천에 옮기고자 노력했으며, 주로 노魯

나라 땅에서 제자들을 교육하는데 주력하였습니다. 한편 〈논어〉에서는 주로 증자曾子로 불리고 있습니다. 이것은 아마 그 제자들이 〈논어〉의 편찬에 많이 관여하였기 때문일 것입니다. 그는 공자 말씀의 깊은 뜻을 누구보다 잘 이해하여 다른 문인들에게 설명하기도 하였으며, 가슴에 새길만한 명언들을 많이 남겨 공자의 제자들 가운데 가장 존경을 받았습니다. 그 결과 그를 따르는 제자들이 많았으며, 특히 공자의 손자인 자사子思에게 공자의 사상을 전수하기도 하였습니다.

한편 위 시의 맨 마지막 구절은 '증삼은 어머니를 모시는데 효성을 다하였는데, 새 가운데에도 또한 이와 같은 것이 있었다.[曾參孝於事母 禽中亦有此者]'라는 문장을 시로 표현한 것입니다.

황벽 선사와 어머니

일찍이 아버지를 여위고 홀어머니 품에서 자란 황벽희운黃蘗希運(?-850) 선사는 어린 시절 도벽이 심하여 남의 가축이나 농기구 등을 훔치는 버릇이 있었습니다. 이 사실을 알고 어머니께서 황벽을 불러다 이렇게 꾸짖었습니다.

1. 작은 것(가축, 잡동사니 등)을 훔치는 것은 양심을 좀먹는 것이다.
2. 큰 것(나라)을 훔치는 것은 백성을 도탄에 빠뜨릴 수도 있고, 잘 살게 할 수도 있다.
3. 천하를 훔치는 것은 모두를 버려야 가능하다. 천하를 훔치면 많은 중생을 윤회에서 건질 수 있다.

황벽의 어머니는 자식에게 이렇게 말씀하시고는, "그러면 이 가운데 너는 어떤 것을 훔치겠느냐?"하고 다그쳐 물으셨다고 합니다.

이때, 어린 황벽이 어머니께, '어머니! 저는 천하를 훔치겠습니다!'라고 대답을 하자, 어머니께서는 당장 그 길로 아들을 집을 떠나 출가수행 길에 들어서게 하셨습니다.

또한 이때 어머니께서는, 황벽에게 '물건物件 버리기와 육친 肉親 버리기와 탐욕貪慾 버리기'의 세 가지 버리는 법을 일러주며 다음과 같이 물으셨다고 합니다.

'그럼 이 가운데 너는 무엇을 버리겠느냐?' 그러자 황벽은 '네, 어머니, 저는 탐욕을 버리겠습니다.'라고 답했다고 합니다.

결국 이런 어머니가 계셨기 때문에 좀도둑이었던 어린 황벽이 훗날 대선사가 되었던 것이라 생각 됩니다.

군더더기:

참고로 황벽 선사께서 수천 명의 대중을 거느리고 황벽산에 주석하고 계실 때 의지할 곳이 없는 노모께서 아들인 황벽 선사를 찾아오게 되었다고 합니다. 그 소식을 들은 황벽 선사께서는 모든 대중들에게 자기 노모께 물 한 모금, 쌀 한 톨도 드리지 못하도록 엄명을 내렸다고 합니다. 노모는 하도 기가 막혀 아무 말도 하지 못하고 발길을 돌려 되돌아가다가 대의강가에서 굶어 돌아가셨다고 합니다. 그런데 그날 밤 노모께서 황벽 선사의 꿈에 나타나셔서, "내가 너에게 물 한 모금이라도 얻어먹었던들 다생多生으로 내려오던 모자의 정을 끊지 못해서 지옥에 떨어졌을 것이다. 그러나 너에게 쫓겨나올 때 모자 사이의 진한 애정이 다 끊어졌으며, 그 공덕으로 죽어 천상에 태어나게 되었으니 너의 은혜를 이루 다 말로 할 수가 없구나."라고 말씀하셨다고 합니다.

이 일화는 아마 추측컨대 당시 소중한 삼보정재三寶淨財를 개인적으로 낭비하는 경우들이 적지 않았던 것 같습니다. 그 결과 황벽 선사께서 전통을 엄격하게 바로 세우기 위해 마음속으로는 피눈물을 흘리시면서 이런 본보기를 만드시지 않았나 하는 생각이 듭니다. 따라서 이 극단적인 사례를 일반론으로 확대해석하는 행위에 경종警鐘을 울리기 위해서 이 글에 이어 삼보정재도 낭비하지 않고 지혜롭게 노모를 극진히 봉양하셨던 목주 선사의 일화를 소개드리겠습니다.

짚신을 삼아 어머니를 봉양한 목주 선사

액수의 과다를 떠나 2012년 일어난 '승려 도박사건'과 관련되어 시사하는 바가 크다고 생각되어 〈치문숭행록〉에서도 '왕골로 신을 삼아 어머니를 공양하다[직포공모織蒲供母]'란 제목으로 간략하게 기술하고 있는 목주도명睦州道明(780-877) 선사와 관련된 일화逸話 한 토막을 좀 더 자세히 소개드리면서 함께 성찰하고자 합니다.

짚신을 삼아 어머니를 봉양하다

진존숙陳尊宿으로 널리 알려진 목주도명睦州道明(780-877) 선사는 처음 중국 천하를 두루 행각行脚하다가 황벽희운黃檗希運(?-850) 선사에게서 선지禪旨를 깨닫고 관음원觀音院에 머물렀는데, 대중이 항상 100여 명이나 되었다고 합니다.

그후 목주 선사는 늙으신 어머니를 봉양하기 위해 고향에 있는 개원사의 주지직을 맡게 됩니다. 그런데 그는 절에 들어온 시물施物, 즉 삼보정재三寶淨財를 축내지 않기 위해 낮에는 사중寺中 일을 보고 밤에는 남모르게 짚신을 삼아 번 돈으로 어머니를 봉양했습니다.

그리고 어머니가 돌아가신 후에도 짚신을 삼아 새벽에 몰래 사람들의 왕래가 많은 길가 나뭇가지 위에 걸어놓고 나그네들이 헤진 짚신을 바꿔 신고 가도록 했다고 하여 '진포혜陳蒲鞋'라는 별칭도 얻었습니다. 또한 임제 스님의 진가를 알아차리고 그를 황벽 선사께 인도한 분으로도 잘 알려져 있는 분입니다.

군더더기:

사실 여기에서 다루고자 한 주제는 비단 출가의 세계에만 국한되는 것은 아닙니다. 현재 의식주를 해결하며 생계를 꾸려가고 있는 모든 분들의 경우 정도의 차이는 있겠지만 사실상 삼보정재인 '누군가의 피땀으로 창출된 부'의 혜택을 누리며 살고 있는 것입니다. 따라서 비록 본인이 정당하게 얻은 소득이라고 할지라도 나눔의 삶을 통해 혜택을 함께 나누며 살지 않고 함부로 낭비해서는 언젠가는 반드시 그 대가를 혹독하게 치르게 될 것입니다.

참고로 〈경덕전등록景德傳燈錄〉 제12권 '목주용흥사진존숙睦州龍興寺陳尊宿' 편에 보면 〈무문관無門關〉 제33칙 '비심비불非心非佛' 공안公案의 게송偈頌에도 나오는 '路逢劍客須呈 不遇詩人莫獻'이란 구절의 원형과 선사禪師로서의 가풍家風을 잘 엿볼 수 있는 다음과 같은 대목이 있습니다.

(한 승려가 목주 선사께 묻기를) 어떤 것이 조계曹谿의 적적대의的大意입니까? 목주 선사 가로되, 노승은 성내는 것은 좋아해도, 기뻐하는 것은 좋아하지 않네. 승려가 묻기를, 어째서 그렇습니까? 목주 선사 가로되, '길에서 검객을 만났을 때는 마땅히 칼을 빼라. (그러나) 시인 앞이 아니면 부디 시를 읊지 말라.[路逢劍客須呈劍 不是詩人莫說詩.]'

동산 선사의 사친서

이 글은 〈치문경훈緇門警訓〉에 들어있는 동산양개洞山良介 (807-869) 선사와 그 어머니 사이에 주고받은 편지글입니다.

어머니를 하직하는 편지 [辭親書]
초서初書

엎드려 듣자오니, 모든 부처님이 세상에 나올 때는 모두 부모에 의탁하여 삶을 받았으며 만물이 생겨날 때는 모두 하늘이 덮어 주고 땅이 실어 주는 힘을 빌었다 하였습니다. 그러므로 부모가 아니면 태어나지 못하고 천지가 없으면 자라나지 못하니, 모두가 길러 주는 은혜에 흠뻑 젖어 있으며 모두가 덮어 주고 실어 주는 은덕을 받았습니다.

오호라!
일체 중생과 만 가지 형상들은 모두 무상無常에 속하기에
태어나고 죽는 것을 여의지 못하는 것입니다.
어려서는 곧 젖을 먹여준 정이 무겁고
길러 준 은혜가 깊으니

만약 재물을 가지고 공양하고 돕더라도
결국에는 보답하기 어려우며,
만약 베어낸 살로 음식을 지어 봉양하더라도
어찌 오래도록 장수를 얻을 수 있겠습니까? (중략中略)
그러므로 망극한 은혜를 진정으로 보답하고자 하면
출가하는 공덕만한 것이 없을 것입니다. (중략中略)

엎드려 바라건대, 부모님께서는 마음으로 들으시고 기꺼이 버리시어 뜻으로 새로이 인연을 짓지 마시고 석가세존의 아버지이신 정반왕을 배우시며 어머니이신 마야부인을 본받으십시오.

다른 날 다른 때에 부처님의 회상會上에서 서로 만날 것이오니 지금 이 때에는 잠시 서로 이별하는 것입니다.

소자 양개는 오역죄伍逆罪를 저지르고자 부모님의 공양을 거절하는 것이 아니라 세월이 사람을 기다려 주지 않기 때문이니, 그러한 까닭에 '이 몸을 금생에 제도하지 않으면 다시 어느 생을 기다려 이 몸을 제도할 것인가!'라고 한 것입니다.

엎드려 바라건대 부디 어머니께서는 이 자식을 다시는 기억하지 마십시오.

후서後書

(상략上略) 엎드려 바라옵건대 자애로운 어머님께서는 마음

을 가다듬어 도를 사모하시고 뜻을 거두시어 공空에 귀의함으로써 이별의 정을 품지 마시고 문에 기대어 바라보는 일은 행하지 마십시오. (중략中略)

대저 사람은 세상에서 살아가면서 자기 몸을 수양하고 효도를 행함으로써 하늘의 마음과 합치될 것입니다. 그러나 소자는 출가 승려로서 도를 사모하고 참선 수행을 함으로써 자비로운 어머니의 은덕에 보답할 것입니다. (하략下略)

어머니가 아들에게 보낸 답신

나는 너와 더불어 예로부터 인연이 있어오다 비로소 어미와 아들로 맺어짐에 애욕을 취하여 정을 쏟게 되었다.

너를 가지면서부터 부처님과 하늘에 기도를 드려 아들을 낳게 해 달라고 원하였더니, 임신한 몸에 달이 차자 목숨이 마치 실 끝에 매달린 듯하였으나 마침내 마음에 바라던 것을 얻게 되어서는 마치 보배처럼 아낌에 똥오줌도 그 악취를 싫어하지 않았으며 젖먹일 때도 그 수고로움을 게을리 하지 않았다.

차츰 성인이 되면서부터 밖으로 보내어 배우고 익히게 함에 간혹 잠깐이라도 때가 지나 돌아오지 않으면 곧장 문에 기대어 바라보곤 하였다.

보내 온 글에는 굳이 출가하기를 바라지만 아버지는 이미 돌아가셨으며, 늙은 어미는 날로 쇠약해지고 있는데, 네 형은 인정이 메마르고 아우도 성격이 싸늘하니 내가 어찌 기대어 의지할 수 있겠느냐?

아들은 어미를 팽개칠 뜻이 있으나 어미는 아들을 버릴 마음이 없다. 네가 훌쩍 다른 지방으로 떠나가고부터 아침저녁으로 항상 슬픔의 눈물을 뿌림에 괴롭고도 괴롭구나.

이미 맹세코 고향으로 돌아오지 않는다 하였으니 별 수 없이 너의 뜻을 따를 것이나, 이제는 네가 왕상王祥이 얼음 속에서 고기를 낚고, 맹종孟宗이 눈 속에서 죽순을 구해오고, 정난丁蘭이 나무를 새긴 것과 같은 효도를 하기를 바라지는 않겠다. 단지 네가 목련존자 같이 이 어미를 제도하여 고해의 바다에서 벗어나게 하여주고, 또한 위로는 불과佛果에 오르기를 오직 바랄 뿐이다.

만일 그렇지 하지 못한다면 네가 출가한 허물이 클 것이다. 그러니 거듭 바라건대 출가와 속가 모두에게 죄를 짓지 말고, 모름지기 간절하게 이를 체득하여야 할 것이다.

어머니의 유언장과 일휴 선사

일휴종순一休宗純(1394-1481) 선사는 57년간 갈라져 싸우던 남북조를 통일한 북조의 후소송後小松 천황과 남조의 고관高官이었던 등원藤原의 딸이었던 어머니 사이에서 태어났습니다. 그런데 일휴 선사의 어머니는 총애를 받던 왕비였다가 모략으로 쫓겨나게 되어 자살을 결심하게 되나 임신을 하고 있어서 자신은 죽어도 괜찮지만 뱃속의 아이는 살려야 한다는 생각에 절로 들어가 살다 아들 일휴를 낳게 됩니다. 일휴가 6살 때 중병에 걸린 어머니는 임제종臨濟宗 오산파伍山派의 하나인 경도京都에 있는 안국사安國寺의 상외집감像外集鑑 선사를 찾아가 아들을 맡기면서 훌륭한 성인聖人으로 키워 달라고 부탁을 드립니다. 후에 그는 권세에 아첨하는 오산파에 실망해 안국사를 떠나서, 같은 임제종이라도 재야의 입장에 선, 허당지우虛堂智愚-남포소명南浦紹明-종봉묘초宗峰妙超 계열의 법을 이은 엄준고담嚴峻枯淡한 선풍을 날리던 대덕사파 화수종담華叟宗曇 선사의 문하에 들어갑니다. 그는 스승인 종담宗曇 선사로부터 '크게 한 번 쉰다'는 뜻의 '일휴一休'라는 도호道號를 받습니다. 그러다가 27세 무렵의 어느 날 밤, 호수 위를 건너는 까마귀의 소리를 듣고 홀연히 대오했다고 합니다. 그 이후 그는 매우 인간적이며 귀천빈부나 직업신분에 차별이 없는 사민평등士民平等의 '서민선庶民禪'을 제창합니다. 그러다가 칙령에 의해서 1474년 대덕사 주지가 되어 응인應仁의 난으로 불탔던 대덕사를 다시 중창하게 됩니다.

아래의 글은 일휴 스님의 어머니가 6살 때 아들을 출가시키면서, "도인道人이 되기 전에는 나를 찾지 말라!"며 써준 간절한 유언장遺言狀입니다. 사실 일휴 스님은 언제나 이 유언장을 지니고 다니면서 정치적인 박해를 포함해 온갖 어려운 일들을 참고 견디며 열심히 수행을 지속하였는데, 결국 어머니의 이런 염원 덕택으로 깊은 깨달음을 체험하게 되었다고 판단됩니다.

일휴一休에게,

내가 이제 사바세계 인연이 다하여 함이 없는[무위無爲] 부처님 나라로 가려한다. 나는 네가 속히 출가승이 되어 네가 지니고 있는 불성佛性을 깨닫기를 바란다. 그렇게 되면 너는 그 밝은 지혜의 눈으로써 내가 지옥에 떨어졌는지, 아니면 항상 너와 함께 있는지를 알게 될 것이다. 만일 네가 성인이 되어 석가세존이나 달마 스님이 너의 노예라는 것을 깨닫게 된다면, 공부를 마치고 이웃 중생들을 위해 헌신할 수 있을 것이다. 석가세존께서 사십여 년 설법을 하셨다지만 필경에는 한 글자 한 말씀도 설하지 않으셨다는 것을 깨달으셨다. 너는 석가세존께서 왜 그렇게 생각하셨는지를 깨달아야 할 것이다. 그런데 네가 만일 깨닫지 못했으나 깨닫기를 원한다면, 세상만사가 다 허망한 것이니 무슨 일이든지 선악시비 분별망상을 내지 말도록 해라.

태어나지도 않고 죽지도 않은 너의 어미가 9월 1일에

추신:

죄 많은 어미도 도를 닦지 못한 주제에 어려운 부탁을 너에게 하니 미안할 뿐이다. 석가세존의 가르침은 주로 다른 사람들을 깨닫게 하기 위한 것들이다. 거듭 방편설만 고집하는 사람들은 무지한 벌레와 같다. 설사 팔만대장경에 담긴 모든 성인들의 가르침을 다 암송하고 안다고 할지라도 너의 참 본성을 깨닫지 아니한다면, 너는 이 어미의 편지가 무슨 뜻인지 이해할 수 없을 것이다. 이것이 나의 마지막 유언이다.

군더더기:

〈무문관〉 제45칙에 다음과 같은 화두가 있습니다. 동산의 오조법연 선사께서 가로되, "석가세존이나 미륵불이 오히려 그분의 노예이니라. 자! 일러 보아라. 그분은 누구신가?"[東山演師祖曰 釋迦彌勒猶是他奴 且道 他是阿誰] 사실 이 화두는 불자佛者라면 상상도 할 수 없는 불경不敬(?)의 극치인 표현이 핵심을 이루고 있습니다. 그런데 '불경스럽다'라고 하는 표현은 우리가 범부凡夫라느니 성인聖人이라느니 하는 이원적 분별의 노예일 때 성립되는 말입니다.

한편 놀랍게도 일휴 선사의 어머니께서는 〈무문관〉에 들어 있는 이 화두를 투과한 수행자로서 이미 넓은 안목을 갖추고 애절한 유언장을 통해 석가세존이나 달마대사를 노예로 부리고 있는 그 분을 온몸으로 체득하라며 아들을 다그치고 있는 것입니다.

일본의 작은 석가 자운 스님

일본의 소석가小釋迦라고 불리었던 자운음광慈雲飮光(1718-1804) 스님은 어머니의 권고로 13세에 출가했으며, 일본의 밀교종단인 진언종眞言宗의 고승高僧으로 도쿠가와 시대(德川時代, 1603-1868)에 널리 알려진 유명한 산스크리트어[범어梵語] 학자였습니다. 그는 젊은 시절에 그가 알고 있는 것들에 대해 동료 수행자들에게 즐겨 강의를 하곤 했습니다. 그러던 어느 날 자운의 어머니께서 이런 사실을 알고는 자운에게 간곡히 다음과 같은 편지를 썼습니다.

"아들아! 네가 남보다 조금 더 알고 있다고 동료 수행자들에게 그것을 과시하며 '걸어 다니는 백과사전'같은 역할이나 한다면, 어미는 네가 결코 석가세존의 진정한 제자가 될 수는 없다고 생각한다. 사실 대부분 방대한 지식의 축적과 명쾌한 해설을 통해 세속적인 영광과 명예를 추구하지만 그 욕망은 끝이 없어 결코 충족할 수 없단다. 어미는 네가 동료 수행자들에게 강의하는 그런 수준 낮은 일은 이제 그만 멈추고, 인적이 드문 산속 깊은 곳에 위치한 작은 암자에 머물며 좌선坐禪 수행에 전념하기 바란다. 어미는 다만 네가 늘 참선 수행에 정진하며 이 길을 통해, 참된 깨달음에 이르기를 간절히 바랄 뿐이다."

군더더기:

아마 자운 스님의 어머니께서 덕산선감德山宣鑑(782-865) 선사의 다음과 같은 일화를 이미 알고 계셨는지도 모르겠습니다. 당나라 시대에 이름을 날리며 '금강경 왕'이라고 칭송 받던 (물론 자만에 가득 찼던) 덕산 스님이 자기가 금강경에 관해 명쾌하게 해설한 〈금강경소초〉를 등에 짊어지고 천하를 돌며 자기의 실력을 뽐내고 다니다 하루는 낮이 되어 시장기가 몹시 돌아 주위를 둘러보니 마침 떡집이 있어 요기를 하기 위해 들어갔습니다. 그런데 떡집 할머니가 떡 줄 생각은 안하고 등에 지고 있는 것이 무어냐고 물어서 자기자랑을 한참 늘어놓으며 금강경에 관한 모든 것이라고 떠들어댔습니다. 그러자 할머니가 묻기를 "〈금강경〉 가운데 '일체동관분一體同觀分'에 '과거심도 얻을 수 없고 현재심도 얻을 수 없으며 미래심도 얻을 수 없네.'라고 쓰여 있는데 스님은 어느 심에 점點을 찍어 떡을 먹겠습니까?" 하고 물었습니다. 〈금강경〉을 단지 지식적으로만 이해하고 있던 덕산 스님이 우쭐대며 돌아다니다 일개 시골 할머니에게 크게 혼줄이 난 것입니다. 그래도 다행인 것은 덕산 스님이 제정신을 차리고 틀림없이 주위에 눈 밝은 스승이 계실 것이라는 것을 믿고, 배고픈 것도 잊은 채 떡집 할머니에게 계신 곳을 물어 쏜살같이 달려가서 결국 용담숭신龍潭崇信(?-838) 선사 문하에서 크게 깨치게 되었습니다. 사실 우리들 인생 백년은 쏜살같이 지나갑니다. 세밀히 성찰해 보면 떡집 할머니나 자운 스님의 어머니가 우리 모두를 허송세월하지 않고 바른 길로 곧장 나아가게 이끄시는 할머니 스승이고 어머니 스승입니다. 자! 여러분! 이래도 세월 가는 줄 모르고 돌아가는 다른 길을 고집하시겠습니까?

산새의 노래

행기行基 스님

산새들이 지저귀는 울음소리 듣고 있자니
아버지(가 부르는 소리)일까 어머니(가 부르는 소리)일까?
(문득) 부모님이 생각나네.

- 〈옥엽화가집玉葉和歌集〉

군더더기:

일본의 국시國詩로 대접받고 있는 단가短歌는 1400여 년 전 백제 이주민을 주축으로 한, 한반도 도래인渡來人에 의해 전파되어 오늘에 이르고 있는데, 여기에서 다루는 사친思親을 주제로 한, 이 노래도 비록 문장은 짧지만 그 속에 부모님에 대한 애틋한 정이 담겨 있는 것 같습니다.

참고로 행기行基(668-749) 스님은 백제에서 건너간 왕인王仁 박사의 후예로 일본 나라 시대에 건축, 교량 및 관개 등 토목 기술을 이용하여 항상 가난하고 어려운 백성들의 생활을 윤택하게 하는데 온 힘을 쏟았으며, 불교 발전 및 한문과 학문 전수에도 기여하여 일본이 개화하는데 큰 역할을 하였다고 합니다. 또한 일본 역사상 최초로 승려로서는 최고의 직책인 대승정大僧正에 올랐으며 백성들로부터 '행기보살行基菩薩'이라 불리었다고 합니다.

3장
서양의 효

> " 늘 경건하게 기도드리는 어머니를 둔 사람은
> 결코 가난하지 않습니다.
> 내가 이루었거나 이룰 예정인 모든 것은,
> 오직 천사와 같은 어머니의 기도 덕택입니다. "
>
> - 아브라함 링컨 Abraham Lincoln

〈탈무드〉에 담긴 효 정신

교육을 매우 중시하는 유대인은 태어나면 가정에서 우선 아버지로부터 〈탈무드〉를 배웁니다. 그래서 아마 히브리어로 아버지라는 단어인 '아바(abba)'는 제자가 자기 스승을 부를 때도 '아바'라고 하기 때문에 '교사'라는 뜻도 포함되어 있는 것 같습니다. 또한 가톨릭의 원류는 유대교이기 때문에 가톨릭의 성직자인 신부神父를 영어로 'Father'라고 부르는 것도 그런 이유에서라고 합니다. 게다가 유대인들은 자기 친아버지와 스승이 함께 감옥에 갇혀 있을 때, 만일 단 한 명만 구출해야 할 경우에, 그들은 당연히 유대 사회에서 절대적인 존재이며 학식과 지혜의 보고인 스승을 구출할 것이라고 합니다. 참고로 유태인들은 세 살 때부터 일주일에 6일 동안 하루에 6시간에서 10시간씩을 공부하는데, 스승의 집이나 학교에서 〈토라〉나 〈탈무드〉를 암기하며, 부모로부터 독립해 홀로 설 수 있는 성인식을 준비한다고 합니다.

한편 효에 관한 주제로 이 책을 엮으면서 문득 엮은이와 탈무드에 얽힌 인연이 떠올라 서양의 영적 가르침의 보고의 하나인 〈탈무드〉에서는 효 정신을 어떻게 일깨워 주고 있는지가 궁금해졌습니다. 그래서 먼저 엮은이와 〈탈무드〉의 인연담을 다루고 〈탈무드〉에 담긴 효 관련 글을 몇 편 성찰해보고자 합니다.

〈탈무드〉로 인한 숭산 선사와의 인연

엮은이가 선도회를 창립한 종달宗達 선사의 뒤를 이어 지도법사로서 참선 모임을 지도하던 중, 한 스승 문하에서만 공부를 했었기 때문에 나의 경계를 확인 받아 볼 필요성을 느껴 1991년 7월 미국에 계신 숭산崇山 선사께 나의 진심이 담긴 편지를 드렸습니다. 아울러 이 편지에는 숭산 선사께서 대중들을 한 자리에 한꺼번에 모아 놓고 선 지도를 하시는 방법론에 관해 약간의 이의를 제기한 내용도 담겨 있었습니다.

한동안 편지를 잊고 있었는데 노사께서 '서울국제선원' 건립 관계로 화계사에 나오셨다며 연락처와 함께 나에게 편지를 보내주셨습니다. 즉시 제자인 무심 스님과 연락을 취해 1991년 8월 20일 드디어 화계사로 숭산 노사를 찾아가 입실 지도를 청했습니다. 아침 8시에 삼배를 올리고 거의 2시간 동안 독대獨對를 했습니다. 내가 종달 선사의 제자라고 하자 숭산 선사께서 종달 이희익 선사와는 〈불교신문〉 관계로 같이 일을 한 적도 있다고 하시면서 잘 아신다고 하셨습니다.

내 소개를 간단히 드리고 본격적으로 화두에 관한 문답을 나누었습니다. 숭산 선사께서는 화두들에 관한 나의 견해에 관해 아주 자상하게 하나하나 대해 주셨습니다. 특히 〈무문관〉 제 14칙의 '남전참묘南泉斬猫'에 관한 문답을 통해 숭산 선사의 역동적力動的인 가풍家風을 낱낱이 살필 수 있었던 것은 나의 선 수행에 또 하나의 새로운 한 획을 긋는 사건이었습니다. 그리고는 맨 마지막에 이제 바탕은 잘 길러졌으니 보다 세밀한데 까지 철저히 살피라는 조언을 주셨습니다. 사실 이날 9시부터는 중요한 행사를 주관하시기로 되어 있었기 때문에 시자 스님이 빨리 나와의 면담을 끝내라는 뜻으로 조실 방을 들락거려도 그 일을 1시간 뒤로 연기하시면서 까지 친절히 점검을 해주셨습니다.

한편 나는 이날 이후 보다 자신감을 가지고 입실 지도를 하게 되었으며 나의 수행의 깊이도 훨씬 깊어진 것을 몸소 느끼게 되었습니다. 이 지면을 빌어 다시 한 번 종달 선사와 숭산 선사의 법은法恩에 깊은 감사를 드립니다.

참고로 엮은이가 매우 논리 정연한, 그렇지만 유대교의 영적 스승인, 어떤 랍비가 체험이 결여된 초심자에게 너무 지나친 설명을 해주고 있는 〈탈무드〉에 들어 있는 일화를 인용하면서 숭산 선사께 보냈던 편지 전문은 다음과 같습니다.

"스님의 글 참 잘 읽었습니다. 또한 한국 스님으로서 세계적인 선禪 포교 노력에 정말 감사드립니다. 그런데 스님의 경지에 대해 추호도 의심이 없으나 한 가지 우려되는 점이 있어 제

견해를 몇 자 적어 봅니다. 유태인의 지혜의 서書인 〈탈무드〉에 보면 제가 우려하는 바가 적혀 있습니다. 이런 문답이 있습니다.

    초심자 : "탈무드를 배우고 싶습니다."
    랍 비 : 그럴 자격이 있는지 묻겠다. "두 소년이 굴뚝 청소를 했는데 한 소년이 얼굴에 검뎅이가 묻었고, 다른 소년은 검뎅이가 묻지 않았다. 누가 세수를 했겠는가?"
    초심자 : "그야 얼굴에 검뎅이가 묻은 소년이 씻었겠지요."
    랍 비 : "그러니까 당신은 자격이 없다."
    초심자 : "그럼 정답은 무엇입니까?"
    랍 비 : "얼굴이 깨끗한 소년은 더러운 소년의 얼굴을 보고 자기 얼굴이 더럽다고 생각할 것이다."
    초심자 : "아! 알았습니다. 물론 깨끗한 얼굴의 소년이 먼저 얼굴을 씻을 겁니다."
    랍 비 : "당신은 아직도 탈무드를 배울 자격이 없다. 왜냐하면 두 소년이 같이 굴뚝 청소를 했다면 한 명은 깨끗하고 한 명은 더러운 얼굴이 될 수 없기 때문이다."

이 일화를 통해 초심자初心者가 이해는 했을지 몰라도 체험을 하지는 못했습니다. 따라서 제가 갖는 우려는 초심자가 꾸준한 수행에 의해 랍비가 마지막에서 말한 그런 경지에 스스로 서야지 이해에 머물러서는 선禪과는 천만리를 격하는 꼴이 될 것이기 때문입니다.

기왕 탈무드에 풀어 놓았기에 탈무드를 예로 들었으나, 〈무문관無門關〉 제26칙則에 나오는 법안法眼 스님의 "일득일실一得一失"과도 같은 이야기겠지요.

그래서 말씀드립니다만 선禪 스승과 꾸준히 수행하는 제자와의 선문답이 단둘이서만 이루어진다면 별 문제가 없겠으나, 대중 앞에서 이런 행위가 이루어진다면 비록 꾸준히 수행한, 제자 한 사람은 체험의 경지를 확인 받을 수 있을지 모르나 주위 사람들은 앞에서 말한 초심자의 경우처럼 이해의 차원에 머물고 말 것입니다. 그런데 이것이 여기서 그치면 좋겠으나 오히려 초심자들이 이 과정을 흉내 내어 또 다른 사람들 까지도 망치게 되는 결과를 초래하지 않을까 우려됩니다. 앞으로 선禪 포교 하시는 데에 이 점을 참고하시면 숭산 스님의 선풍禪風이 지구를 뒤덮으리라 확신합니다.

단기 사천삼백이십사년(1991년) 7월 10일
법경法境 합장"

군더더기:
하룻강아지 범 무서운 줄 모르고 숭산 선사님께 시비를 건 덕분(?)에 화계사

로 초대를 받아 2시간 동안 독대하며 '조주무자'를 포함해 이십 여 개의 공안들을 세밀히 점검받았으니 이 무슨 인연인지 그저 불가사의할 뿐입니다. 여러분들도 엮은이의 경험에 비추어 볼 때 종교를 초월해 수행자[신앙인]라면 수행[신앙]이 어느 정도 깊어질 때, 자기 스승 외에도 인연 닿는 대로 다른 영적 스승과의 만남은 매우 요긴하다는 점을 이 지면을 빌어 일깨워드리고자 합니다.

사실 항간에 잘 모르는 분들이 장님이 코끼리 만지면서 코끼리를 묘사하듯이, 단편적인 지식만 가지고 앵무새처럼 자기 스승이 최고 다른 스승들은 비하하는 등 이러쿵저러쿵 말이 많습니다. 그러나 동서양을 불문하고 종교와 종파를 초월해 자기와 코드가 맞는 수행법을 따라 삶 속에서 자기성찰을 지속하다 보면 깊은 통찰체험을 하게 되고 이 통찰체험을 바탕으로 죽는 날까지 함께 더불어 나눔 실천적 삶을 살아가면 되는 것이지 어디에 따로 최상승 수행법이 있겠습니까! 이 모두 아직 안목이 열리지 않은 이들의 무지의 소치인 것을! 시비인 是非人들이여! 부디 '나는 과연 얼마나 백행百行의 근원인 효孝를 포함해 이웃과 함께 지속적으로 나눔 실천적 삶을 살고 있는가?'를 잘 성찰해 보면 모든 것은 자명할 것입니다.

할아버지의 손자 생각

한 유대인 할아버지가 정원에 과일나무의 묘목을 심고 있었습니다. 마침 그곳을 지나던 한 젊은이가 할아버지에게 어린 묘목을 심는 이유를 물었습니다.

"할아버지, 이 과일나무에 열매가 열리려면 얼마나 걸릴까요?"

그러자 할아버지가, "약 70년 정도 지나면 열리겠지요."라고 대답했습니다.

할아버지의 이런 대답에 젊은이가 다시 물었습니다.

"할아버지께서 그렇게 오래 사실 수 있겠습니까?"

그러자 할아버지가, "내가 어렸을 때 우리 집 과일나무에는 열매가 주렁주렁 열려 있었지요. 그것은 내가 태어나기도 전에, 미리 아버지께서 나를 위해 과일나무의 어린 묘목을 심어 놓았기 때문이지요. 그래서 나도 그런 아버지께 늘 고마워하면서 살아왔는데, 그런 아버지의 정신을 본받아 앞으로 태어날 손자들을 위해 같은 일을 하고 있는 것이라오."라고 대답하셨다고 합니다.

군더더기:

사람들은 대개 당장 혜택이 돌아오는 눈앞의 이득만을 쫓아 바삐 살아가고 있는데, 이 일화를 교훈 삼아 넓은 안목으로 지혜롭게 눈앞에 벌어지는 일들뿐만 아니라 먼 미래의 일들까지도 미리 준비해야할 것 같습니다.

한 가지 보기를 들면 지구의 기후 변화로 한국도 100년 후에는 아열대로 바뀐다고 합니다. 그 결과 더위에 약한 한국의 상징인 늘 푸른 소나무가 한반도에서 사라질 위기에 놓여 있다고 합니다. 따라서 누군가는 길이 후손에게 물려줄 더운 기후에도 견디는 소나무 수종 개발에 깊은 관심을 보여야할 때라고 판단됩니다.

어떤 랍비의 어머니 봉양

어떤 랍비는 자기의 늙은 어머니께서 침대에 올라갈 때나 내려올 때 힘들어 하시자 침대 밑에 엎드려 어머니께서 자기를 밟고 올라가거나 내려가도록 했습니다. 또한 어느 때 어머니와 함께 길을 걷고 있었는데, 그 길이 돌투성이에다 울퉁불퉁하기까지 하여 어머니께서 걷기가 무척 힘들어하시자 즉시 어머니께서 한 걸음씩 발길을 옮길 때마다 자신의 손을 어머니의 발밑에 받쳐 드렸다고 합니다.

그리고 늘 어머니를 대할 때 마다 마치 하느님을 뵙는 것처럼 했다고 합니다. 그래서 그 어머니는 만나는 사람마다 "내 아들은 〈토라〉에 쓰여 있는 것 보다 더 큰 효도를 저에게 하고 있습니다."라고 칭찬했다고 합니다. 그러면 그럴 때마다 아들 랍비는 "그런 말씀 마십시오. 저는 천분의 일에도 미치지 못합니다."라고 하면서 겸손해했다고 합니다.

군더더기:

히브리어로 '가르침' 또는 '법'을 뜻하는 '토라(Torah)'는 구약성서의 첫 다섯 편으로, 곧 창세기·출애굽기·레위기·민수기·신명기를 말합니다. 흔히 모세오경이나 모세율법이라고도 하며 유대교에서 가장 중요한 문서입니다. 덧붙여 토라의 핵심은 '십계명+誡命'인데 이 가운데 하나가 효도와 관련된 다음과 같은 계명입니다.

'너희는 부모를 공경하여라. 그래야 너희는 너희 하느님 주께서 주신 땅에서 오래 살 것이다.'

하느님의 선물

어떤 랍비에게 한 제자가, "한 아이가 태어나기 위해서는 남편과 아내뿐만이 아니라 하느님의 도움이 필요하다고 말씀하셨는데요, 각자의 역할이 구체적으로 무엇입니까?"하고 물었습니다.

그러자 랍비가, "정말 좋은 질문이구나. 아기의 뼈나 연골, 손톱, 뇌, 눈의 흰자위는 아버지로부터 오는 것이니라."라고 대답하고는 이어서, "하지만 어머니는 피부, 근육, 머리카락, 색소 등을 주지. 예를 들자면, 아이의 눈동자는 어머니로부터 물려받는 것이니라."

다시 제자가, "그러면 하느님이 주시는 것은 무엇입니까?"라고 묻자 랍비가, "하느님은 영혼과 아름다운 얼굴, 그리고 보는 능력을 선물膳物하시네. 또한 듣고, 말하고, 걷고, 생각하는 능력도 모두 다 하느님께로부터 오는 것이라네." 그리고는 이어서 학덕이 높은 랍비가, "사람이 이 세상을 떠나야 할 때가 오면, 하느님께서는 주셨던 선물을 다시 가져가신다네. 그렇게 되면, 부모에게서 물려받은 것만 남게 되는 거지."라고 말씀하셨습니다.

군더더기:

사실 현대 과학의 관점에서 보면 아이는 아버지와 어머니로부터 반반씩 유전형질을 물려받으며 태어납니다. 그런데 이것은 단지 물질적인 것이고 정작 중요한 선물은 하느님으로부터 받은 신성神性이라는 점을 일깨워 주고 있습니다.

한편 이 선물을 불교에서는 불성佛性, 특히 선가禪家에서는 '부모로부터 태어나기 전의 본래 청정한 참모습'[부모미생전본래면목父母未生前本來面目]이라 부르고 있습니다.

사실 이 본래면목을 바르게 체득한 분들은 백행百行의 근원인 효행孝行을 포함해 누구나 흠모하는 언행일치言行一致의 삶을 사는 분들입니다.

순수한 효도

고대 이스라엘의 디머라는 곳에 금화 3,000개의 값이 나가는 아주 귀한 다이아몬드 보석을 가진 사람이 있었습니다. 마침 큰 사원 회당에서 제사장이 제사드릴 때 입는 옷에 장식을 하기 위해 이 보석을 사기로 했습니다. 그래서 한 랍비가 회당 대표로 금화 6,000개를 가지고 가서 흥정을 했습니다. 보석 주인도 굉장한 돈벌이가 됨으로 기쁘게 팔기로 했습니다. 그러나 마지막에 보석 주인이 못 팔겠다고 하였습니다. 그 이유는 보석이 든 금고의 열쇠를 지금 아버지께서 베개 밑에 넣고 주무시고 계시니 아무리 두 배의 값을 쳐주신다고 해도 단잠을 주무시고 계신 아버지를 차마 깨울 수가 없다는 것이었습니다.

군더더기:

  이 랍비는 이 일을 겪으며 이 보석 주인이 '순수한 효도'의 본보기를 보인 것이라고 감탄하며 이 이야기를 탈무드에 기록으로 남겨 여러 사람들에게 널리 알렸다고 합니다. 참고로 전 세계의 유대인 랍비들에 의해 오늘날에도 계속해서 탈무드에 지혜로운 가르침들이 추가되고 있는 중인데, 그러나 독특한 개인에 의해 보편적인 탈무드의 가르침이 왜곡되는 것을 막기 위해 튀는 랍비의 글은 절대로 실을 수 없다고 합니다.

유산은 진짜 친아들에게 주시오

어떤 부부가 아들 둘을 두고 있었습니다. 그런데 그 중 하나는 다른 남자와의 불륜不倫으로 태어난 아이였다고 합니다. 이런 사실을 까마득히 모르고 있던, 남편이 어느 날 아내가 다른 사람에게 그 사실을 얘기하는 것을 우연히 엿들었지만, 누가 친아들인지는 알 수 없었습니다.

어느덧 세월이 흘러, 남편이 중병이 들어 자리에 눕게 되자, 죽음을 직감한 그는 '친아들[친자親子]'에게 자기 재산을 물려주겠다는 유언장遺言狀을 남겨놓았습니다. 그가 세상을 떠나자, 유언장 집행을 맡은 랍비가 유언장에 따라 누가 친아들인지를 가려내야만 했습니다.

랍비는 두 아들을 데리고 죽은 아버지 무덤 앞에 가서 땅을 파는 삽들을 주면서, 진짜 친아들을 가려야 하니 아버지 무덤을 파헤쳐보라고 말했습니다. 그러자 유산遺産에 탐을 낸, 한 아들은 랍비가 시키는 대로 삽으로 무덤을 파헤치고 시작했으나, 다른 아들은 '(유산을 포기하면 했지) 아버지 묘를 훼손하는 그런 불경不敬스러운 짓을 저는 할 수 없습니다.'라고 하면서 삽을 내던져 버렸습니다.

그러자 랍비가 그를 보고, "네가 진짜 이 분의 친아들이로구나."라고 했다고 합니다.

군더더기:

요즈음 유산遺産을 가지고 부모와 자식, 형제와 자매, 스승과 제자, 사형과 사제 등 혈연血緣이나 법연法緣 사이에 이해관계가 얽힌 법정 다툼을 벌리는 일들이 비일비재非一非再합니다. 그런데 이는 모두 집안의 추한 꼴[가추家醜]을 드러내며 콩가루 집안이라는 것을 세상에 널리 알리는 일임에도 불구하고 있다가도 없어지는 재물이나 권력 및 명예 등에 집착하는 병은 어떻게 고쳐야할까요? 과연 '천 명의 성인聖人이 출현해도 구제불능[천성불구千聖不救]'일까요? 굳이 성인의 삶을 살피지 않더라도 탐내고 분노하고 어리석은 마음에 길들여져 있는 인간을 제외한, 꼭 필요한 만큼만 취하는 대자연 구성원들의 삶의 태도를 깊이 성찰하면 좋겠습니다.

어떤 랍비의 유언장

아들아!
책을 너의 벗으로 삼아라.
서가나 책장을 네 기쁨의 밭, 즐거움의 뜰로 삼아라.
책의 낙원에서 포근함을 느껴라.
지식의 열매와 그 향기까지도 너 자신의 것으로 삼아라.
만일 너의 영혼이 충만하거나, 아니면 지치거들랑,
뜰에서 뜰로, 밭이랑에서 밭이랑으로,
또는 여기저기 펼쳐진 풍광風光을 즐기도록 하여라.
그리 한다면 새 희망이 샘솟고,
네 영혼은 환희로 가득 차게 되리라.

- 쥬다 이븐 티본(1120-1190, 의사, 철학자)

군더더기:

보통 우리는 '유언장遺言狀'이라고 하면 유산遺産 분배分配를 떠올립니다. 그렇기 때문에 '책을 벗으로 삼아라!'라는 이 유언장에 대해 좀 의아해 하실 수 있습니다. 그러나 지식과 지혜의 중요성을 강조한, 이 유언장에 담긴 깊은 뜻은 역시 〈탈무드〉에 들어있는 '가장 안전한 재산'이란 다음과 같은 일화를 알게 되면 분명해집니다.

'어느 배 안에서 일어난 일입니다. 배에 탄 승객들은 한 결 같이 부자들이었고, 그 속에 가난한 랍비가 끼어있었습니다. 부자인 승객들은 서로를 비교해 가며 자신들이 가진 재산의 규모를 자랑하고 있었습니다. 이때 랍비가, "전 제 자신이 누구 못지않게 큰 부자라고 생각하고 있습니다. 그렇지만 지금 당장 제 재산을 여러분들에게 보여드릴 수가 없어 유감입니다."라고 말했습니다. 얼마 후, 해적들이 출몰해 배를 습격했습니다. 부자라고 자랑하던 승객들은 금은보화를 비롯한 전 재산을 해적들에게 약탈당했습니다. 해적들이 물러가고, 배가 가까스로 항구에 닿았습니다. 랍비는 곧 항구 사람들로부터 높은 지식과 교양을 인정받게 되었으며, 학교에서 학생들을 모아 가르치게 되었습니다. 그렇지만 랍비와 함께 배를 타고 온 부자 승객들은 모두 비참한 가난뱅이로 전락하였습니다. 그들이 랍비에게, "랍비님 말씀이 옳았습니다. 지식을 소유한 사람은 재물보다 더 귀한 모든 걸 소유한 것이나 다름없습니다."라고 말했다고 합니다.

덧붙여 '만일, 생계를 위해 가산家産을 팔아야 한다면, 우선 금, 보석, 집, 땅의 순서로 차례차례 팔아라. 최후까지라도 팔아서는 안 되는 것은 책이다!'라는 가르침도 탈무드에 들어 있습니다.

진정한 효도

옛날 어느 마을에 두 젊은이가 살았다고 합니다. 부자 젊은이는 나이 든 아버지께 진귀한 음식을 자주 대접해 드리는 모습을 보고 마을 사람들은 다들 효자라고 칭찬을 했다고 합니다. 그런데 아버지가 뭘 물어볼 때마다 이 젊은이는 늘 퉁명스럽고 쏟아붙이듯 대꾸했기 때문에 아버지는 아들에게 아무것도 묻지 않고 그저 주는 음식을 말없이 먹기만 했다고 합니다.

한편 이 마을에는 가난한 아버지의 방앗간 일을 도와드리고 있는 또 다른 젊은이가 있었다고 합니다. 그런데 어느 날 전국에 있는 모든 방앗간 주인에게 왕궁으로 와서 일을 하라는 명령이 내려졌다고 합니다. 이 젊은이는 왕궁에서는 일도 많고 밥도 제대로 안 준다는 소문이 돌아 아버지를 대신해 궁전으로 갔다고 합니다. 그러자 홀로 남아 방앗간 일을 하느라 바빠진 아버지를 보고 아들이 궁전에 놀러갔다고 생각한 마을 사람들은 방앗간 집 아들을 불효자라며 수군댔다고 합니다.

그런데 세월이 흘러 부자 젊은이와 방앗간 젊은이가 죽음을 맞이해 신 앞에 나란히 서서 다음과 같이 심판을 받게 됐다고 합니다.

먼저 방앗간 젊은이가 이렇게 말했습니다.

"저는 나이든 아버지 대신 궁전에 가서 일을 했습니다."

그러자 신은 이렇게 말했다.

"아버지를 위한 마음이 갸륵하구나. 너는 진정한 효자였으니 천국으로 가거라."

신은 부자 젊은이에게 물었습니다.

"너는 아버지를 위해 무슨 일을 했느냐?"

그러자 부자 젊은이는 자신 있는 목소리로 이렇게 말했습니다.

"저는 아버지께 귀한 음식을 자주 대접해 드렸습니다."

신은 다시 한 번 물었습니다.

"그랬더니 아버지가 기뻐했느냐?"

"아마 그러셨을 겁니다."

젊은이가 자신 있게 답했습니다.

그러자 신이 호통을 치며 이렇게 말했습니다.

"너는 아버지 마음을 아프게 한 불효자다. 부모님 말씀을 잘 듣고 정성껏 대답하는 것은 효도의 기본이거늘, 너는 아버지의 물음에 한 번도 제대로 대답하지 않고 늘 쏘아 붙이기만 하지 않았느냐! 그러니 너는 지옥으로 가거라!"

― 〈탈무드〉에서 발췌

군더더기:

한편 이 일화와 잘 대비되는, 딸이 어머니를 다만 배만 부르게 봉양하고 마음은 편하게 해드리지 못한 것을 탄식하며 두 모녀가 서로 껴안고 울었다는 '가난한 딸이 어머니를 봉양하다[빈녀양모貧女養母]'란 제목의 일화가 〈삼국유사〉에 들어있습니다.

여러분! 이들 일화를 통해 잘 알 수 있듯이 우리 모두 부모님을 봉양할 때, 값비싼 음식 대접이나 선물보다 선행해야하는 효도의 기본은 부드러운 얼굴 표정으로 부모님의 마음을 편안하게 해드리는 일임을 가슴 깊이 새깁시다!

〈성경〉에 담긴 효 정신

여기에서는 〈공동번역 성서〉(대한성서공회, 1977) 가운데 들어 있는, 비록 짤막하지만 깊이 성찰하게 해주는 부모와 자식에 관한 말씀들을 모아보았습니다.

출애굽기

너희는 부모를 공경하여라. 그래야 너희는 너희 하느님 야훼께서 주신 땅에서 오래 살 것이다.

— 〈구약성서〉 출애굽기 20장 12절(신명기 5장 16절)

군더더기:

이 구절은 '모세의 십계명十誡命', 즉 하느님께서 시나이 산에서 모세를 통해 이스라엘 백성에게 계시하신 열 가지 계명 가운데 네 번째 계명으로 그리스도교 윤리관의 기본이라 할 수 있습니다. 참고로 나머지 9가지의 계명은 다음과 같습니다.

한 분이신 하느님 야훼를 흠숭欽崇하여라.
너희는 너희 하느님의 이름 야훼를 함부로 부르지 못한다.
안식일을 기억하여 거룩하게 지켜라.

살인하지 못한다.

간음하지 못한다.

도둑질하지 못한다.

이웃에게 불리한 거짓 증언을 못한다.

네 이웃의 배우자를 탐내지 못한다.

네 이웃의 소유는 무엇이든지 탐내지 못한다.

잠언箴言

지혜로운 아들은 아비의 기쁨이요,
어리석은 아들은 어미의 근심이다.

- 〈구약성서〉 잠언 10장 1절

여름에 거두는 자는 지혜로운 아들이나,
추수 때에 자는 자는 부끄러움을 끼치는 아들이니라.

- 〈구약성서〉 잠언 10장 5절

슬기로운 아들은 훈계를 들으나
거만한 자는 꾸지람을 듣지 않는다.

- 〈구약성서〉 잠언 13장 1절

자식이 미우면 매를 들지 않고,

자식이 귀여우면 채찍을 찾는다.

– 〈구약성서〉 잠언 13장 24절

지혜로운 아들은 아비를 기쁘게 하고,
미련한 자는 제 어미를 멸시한다.

– 〈구약성서〉 잠언 15장 20절

어버이는 자식의 영광이요
자손은 늙은이의 면류관冕旒冠이다.

– 〈구약성서〉 잠언 17장 6절

미련한 자식을 낳는 사람은 슬픔을 맛본다.
어리석은 자식을 둔 아비는 기쁨을 모른다.

– 〈구약성서〉 잠언 17장 21절

미련한 아들은 아비의 근심이 되고,
어미의 아픔이 된다.

– 〈구약성서〉 잠언 17장 25절

아들에게 매를 들어야 희망이 있다.
그러나 들볶아 죽여서는 안 된다.

— 〈구약성서〉 잠언 17장 18절

제 아비를 구박하고 어미를 쫓아내는 자식은
치욕을 불러들이는 놈이다.
— 〈구약성서〉 잠언 19장 26절

제 부모를 저주하면 어둠 속에서 그의 등불이 꺼진다.
— 〈구약성서〉 잠언 20장 20절

아이에게 매 대기를 꺼리지 말아라.
매질한다고 죽지는 않는다.
— 〈구약성서〉 잠언 23장 13절

아이에게 매를 대는 것이
그를 죽을 자리에서 건지는 일이다.
— 〈구약성서〉 잠언 23장 14절

너를 낳은 아비의 말을 듣고,
늙은 어미를 업신여기지 말아라.
— 〈구약성서〉 잠언 23장 22절

아들이 옳게 살면 아비는 참으로 즐겁다.
제가 낳은 아들이 지혜로운데 어찌 기쁘지 않으랴!
- 〈구약성서〉 잠언 23장 24절

그러니 네 아비를 기쁘게 해 다오.
너를 낳은 어미를 즐겁게 해 다오.
- 〈구약성서〉 잠언 23장 25절

마싸 왕 르무엘이 그의 어머니에게서 배운 교훈
아들아, 들어라. 내 속에서 나온 아들아, 들어라.
서원을 세우고 얻은 아들아, 들어라.
네 기력을 여자에게 쏟지 말아라.
임금도 그리되면 망한다.
르무엘아, 임금도 해서는 안될 일이 있다.
포도주를 마시는 것은 왕의 할 일이 아니다.
독주를 즐기는 것은 고관들이 할 일이 아니다.
술을 마시면 법을 잊어버리고
모든 불쌍한 사람의 권리를 짓밟게 된다.
독주는 죽을 사람에게나 주어라.
포도주는 상심한 사람에게 주어라.
그것을 마시면 가난을 잊고

괴로움을 생각하지 아니하리라.
너는 할 말 못하는 사람과
버림받은 사람의 송사를 위하여 입을 열어라.
입을 열어 바른 판결을 내려
불쌍하고 가난한 사람들의 권리를 세워 주어라.

― 〈구약성서〉 잠언 31장 1-9절

군더더기:

'잠箴'이란 자를 뜯어서 살펴보면, 대나무 '죽竹'은 의미요소이고 '함咸'은 (음이 약간 달라졌지만) 발음요소로, 옷을 꿰맬 때 쓰는 대바늘을 가리키는 글자이나 후에 바늘, 침鍼, 충고, 경계의 뜻으로 확대 사용됐습니다. 즉, 바늘은 헤진 옷을 기울 때, 침은 병난 몸을 치료할 때 쓰였는데 방황하는 마음을 일깨우는데 쓰이게 되면서 잠언(箴言, 경계하는 말)이란 어휘가 만들어졌다고 봅니다.

따라서 성경의 잠언은 이스라엘의 지혜로운 스승들이 하느님 안에서 체험한 영적 체험들을 모은 것이라 판단되는데, 여기에서는 특히 부모와 자식에 대해 언급한 가르침들을 모았습니다.

마태복음

네 부모를 공경恭敬하라.
그리고 네 이웃을 네 몸 같이 사랑하라.

― 〈신약성서〉 마태복음 19장 19절

군더더기:

동양의 네 가지 고마움 가운데 두 가지 고마움을 가슴 깊이 새기고 보은報恩하라는 가르침이 여기에 들어 있는데, 사실 부모를 공경할 줄 아는 사람은 저절로 이웃과도 정을 나누며 살기 때문에, 이웃사랑도 넓은 의미의 효라고 볼 수 있습니다.

에페소인들에게 보내는 편지

자녀된 사람들은 부모에게 순종하십시오.
이것이 주님을 믿는 사람으로서 마땅히 해야 할 일입니다.
"네 부모를 공경하라" 하신 계명은
약속이 붙어 있는 첫째 계명입니다.
그 약속은, 계명을 잘 지키는 사람은
복을 받고 땅에서 오래 살리라는 것입니다.
어버이들은 자녀의 마음에 상처를 입히지 말고
주님의 정신으로 교육하고 훈계하며 잘 기르십시오.

– 〈신약성서〉 에페소서 6장 1-4절

군더더기:

사도 바울로가 그리스도 예수를 진실하게 믿는 에페소 성도聖徒들에게 쓴 편지 가운데, 특히 '자녀와 부모'라는 주제를 함께 다룬 삶 속에서 매우 요긴한 가르침이라고 판단됩니다.

〈리어왕〉에 담긴 효 정신

셰익스피어(William Shakespeare, 1564-1616)가 1605년에 쓴 것으로 추정되며 모두 5막으로 구성되어 있는 이 작품은 1608년에 간행되었습니다. 〈맥베스〉, 〈햄릿〉, 〈오셀로〉와 함께 셰익스피어의 4대 비극이라 불리고 있습니다. 이 작품은 늙은 리어 왕과 그의 세 딸을 등장인물로 내세워 '진정한 효도란 무엇인가?'를 주제로 '무명無明'으로 인한 왕가王家의 비극悲劇을 극명하게 드러내 보이고자 한 작품으로 그 요지는 다음과 같습니다.

나이가 많은 리어왕에게 세 딸이 있었습니다. 왕은 자신의 세 딸에게 통치권과 영토를 나눠 주기로 결심합니다. 왕은 딸들을 불러 아버지를 향한 효심孝心을 표현해 보라고 하며 그 효심의 정도에 따라 재산을 나눠 주겠다고 합니다. 맏딸과 둘째딸은 아버지만을 사랑한다고 말합니다. 왕은 흡족해하며 두 딸에게 영토를 나눠줍니다.

그러나 막내딸은 '저는 자식 된 도리로 아버지를 존경하지만, 언니들처럼 아버지만 사랑하지는 않습니다.'라고 있는 그대로 솔직하게 답변을 합니다. 왕은 화를 내며 막내딸에게 주려고 했던 재산을 다른 두 딸에게 모두 나누어 줍니다. 하지만 재산을 물려받은 맏딸과 둘째딸은 아버지를 돌보지 않고 쫓아버렸습니다. 이런 두 딸의 배신에 분노한 리어 왕은 미쳐버립니다.

한편 프랑스의 왕비가 된 막내 딸 코온딜리어는 아버지 리어 왕의 비참한 소식을 전해 듣고 아버지를 구하기 위해 군대를 이끌고 영국으로 쳐들어왔으나 싸움에 패하고, 아버지와 함께 포로가 되어 병사의 손에 코온딜리어는 죽고 맙니다. 그러자 리어 왕도 죽은 막내딸의 시체를 안고 슬픔에 못 이겨 죽음을 맞게 됩니다. 그런데 남은 두 딸 역시 불륜을 저지른 결과 맏딸 거너릴의 질투로 둘째딸 리이건은 독살을 당하고, 양심의 가책을 느낀 거너릴도 스스로 목숨을 끊으며 파탄에 이르고 맙니다.

군더더기:

이 작품은 늙은 리어 왕과 그의 세 딸을 등장인물로 내세워 맏딸 거너릴과 둘째딸 리이건의 이해득실에 얽힌 배은背恩과 막내딸 코온딜리어의 조건 없는 효심孝心을 멋지게 대비시키면서 재물과 효심의 무상관성無相關性을 명료하게 드러내고 있습니다.

한편 유산 상속 문제로 부모자식 간이나 형제자매 등 피붙이[혈연血緣] 간에 법정 다툼을 벌리고 있는 오늘날에도 역시 깊이 성찰하게 하는 좋은 주제라고 판단됩니다.

소크라테스

동양에는 효와 관련된 자료들이 풍부한데 서양은 찾기가 어렵습니다. 그런 가운데 역시 지혜로운 철학자의 삶을 살았던 소크라테스에게서 그 흔적을 찾을 수 있네요.

소크라테스(Socrates, B.C. 469?-B.C. 399)의 효 관련 명언 두 가지를 소개합니다.

네 자식들이 너에게 해 주기 바라는 것과 똑같이
네 부모에게 행하라.

군더더기:
이 명언은 '자식을 사랑하는 지극한 마음으로 부모님께 효도하라.'[孝以愛子]는 유교의 가르침과도 유사합니다.

아! 나의 자식이여! 네가 만일 부모의 고마움을 모른다면
아무도 너의 친구가 되지 않을 것이다.

군더더기:
왜냐하면 부모의 고마움을 느끼지 못하는 사람에게는 아무리 친절을 베풀어

도 소용없는 일임을 알기에 아무도 친구가 되려하지 않기 때문이겠지요.

한편 동서 교류의 가교 역할을 했던 마테오 리치 신부께서 지은 〈교우론交友論〉의 첫 구절에, "나의 벗은 타인이 아니라 바로 나의 반쪽이니, 바로 두 번째의 나라고 할 수 있다. 그러므로 마땅히 벗을 자기처럼 여겨야 한다."[吾友非他 卽我之半 乃第二我也 故當視友如己焉]라는 친구親舊에 관한 글이 있습니다. 따라서 부모님께 불효하는 자는 결코 자기의 반쪽인 친구를 얻을 수 없으니 일생을 불완전한 반쪽짜리 나로 살아갈 수밖에는 없을 것입니다.

아브라함 링컨의 어머니의 기도

저는 어머니의 기도를 생생하게 기억합니다.
그 기도 소리는 늘 저를 따라 다녔습니다.
(아니) 그 기도 소리는 일생동안 제 귓가에 머물렀습니다.

또한 아브라함 링컨(Abraham Lincoln, 1809-1865)은 어머니에 관해 다음과 같은 명언들도 남겼습니다.

늘 경건하게 기도드리는 어머니를 둔 사람은
결코 가난하지 않습니다.
내가 이루었거나 이룰 예정인 모든 것은,
오직 천사와 같은 어머니의 기도 덕택입니다.

군더더기:

링컨의 어머니인 낸시 링컨(Nancy Hanks Lincoln)은 아들이 세상에 태어나자마자 성경을 읽어주고, 그를 위해 늘 기도를 했다고 합니다. 그러다가 그가 아홉 살이 되었을 때에 풍토병으로 세상을 떠났는데, 이때 그에게 다음과 같은 유언을 했다고 합니다. "부자나 위인이 되기보다는 성경 읽기를 즐기는 사람이 되어라." 그리고는 아주 낡고 헤진 성경책을 유물로 남겨주었다고 합니다.

따라서 링컨으로 하여금 지혜智慧의 보고寶庫인 성경에 일찍이 눈뜨게 한, 이런 어머니 덕택에 훗날 링컨이 미국 대통령이 될 수 있었다고 판단됩니다.

한편 2011년 말부터 종교를 초월해 선도회에서 새롭게 제창하고 있는, 남녀노소 누구나 날마다 실천 가능한 신사홍서원新四弘誓願을 늘 발원하면서 우리들 모두 있는 그 자리에서 효 정신을 크게 진작시킬 수 있었으면 좋겠네요.

참고로 여기서 법문은 각자 자기 종교의 가르침이고 화두는 각자 자기의 성찰 주제를 뜻합니다.

신사홍서원

날마다 한 가지 선행善行을 행하오리다.

날마다 한 가지 집착執着을 버리오리다.

날마다 한 구절 법문法門을 익히오리다.

날마다 한 차례 화두話頭를 살피오리다.

서양 격언에 담긴 효 정신

여기에서는 널리 알려진 비록 짤막하지만 깊이 성찰하게 해주는 부모와 자식에 관한 서양의 격언들을 작자 미상 및 명사들의 생몰 순으로 모아보았습니다.

사람이 바꾸려 해도 바꿀 수 없는 것이 한 가지 있다.
그것은 자기의 부모이다.

- 유태인 격언

하느님은 어디에나 있을 수 없다.
그래서 어머니를 창조하셨다.

- 유태인 격언

우는 자식을 데리고 다니는 것은 그 자식의 어머니뿐이다.

- 아프리카 격언

열 자녀를 거느리는 아버지만큼
열 자녀는 한 아버지를 모시지 못한다.

- 영국 격언

상냥하고 다정한 아버지는 아이들을
불행하게 만들고 게으르게 한다.

- 프랑스 격언

어머니의 사랑은 부드럽고 아버지의 사랑은 현명하다.

- 이탈리아 격언

어머니들은 자기의 아이들이 없는 공허함을
무엇으로도 메울 수 없다.

- 스페인 격언

설사 자식에게 업신여김을 받아도
부모는 자식을 미워하지 못한다.

- 소포클레스(Sophocles, B.C. 496-B.C. 406)

어머니가 아버지보다 자식에 대해 더 깊은 애정을 갖는 이유는 어머니는 자식을 낳을 때의 고통을 겪기 때문에 자식이란 절대적으로 자기 것이라는 마음이 아버지보다 강하기 때문이다.

- 아리스토텔레스(Aristoteles, B.C. 384-B.C. 322)

제일 안전한 피난처는 어머니의 품속이다.
- 성 플로리앙(Saint Florian, ?-300)

자기의 자식에 대하여 아는 아버지는 슬기롭다.
- W. 셰익스피어 (William Shakespeare, 1564-1616)

한 사람의 아버지가 백 사람의 선생보다 낫다.
- G. 허버트 (George Herbert, 1593-1633)

자녀에게 침묵하는 것을 가르쳐라.
말하는 것은 어느새 쉽게 배워 버린다.
- B. 프랭클린 (Benjamin Franklin, 1706-1790)

부모의 사랑은 내려갈 뿐이고 올라오는 법이 없다.
즉 사랑이란 내리 사랑이므로
자식에 대한 부모의 사랑은
자식의 부모에 대한 사랑을 능가한다.
- C.A. 엘베시우스(Claude Adrien Helvetius, 1715-1771)

 자식을 기르는 부모야말로 미래를 돌보는 사람이라는 것을 가슴속 깊이 새겨야 한다. 자식들이 조금씩 나아짐으로써 인류와 이 세계의 미래는 조금씩 진보하기 때문이다.
- I. 칸트(Immanuel Kant, 1724-1804)

이 세상에는 여러 가지 기쁨이 있지만, 그 가운데서 가장 빛나는 기쁨은 가정의 웃음이다. 그 다음의 기쁨은 어린이를 보는 부모들의 즐거움인데, 이 두 가지의 기쁨은 사람의 가장 성스러운 즐거움이다.
- J.H. 페스탈로치(Johann Heinrich, Pestalozzi, 1746-1827)

어머니는 우리의 마음속에 얼을 주고, 아버지는 빛을 준다.
- J. 파울(Jean Paul, 1763-1825)

훌륭한 부모의 슬하에 있으면 사랑에 넘치는 체험을 얻을 수 있다. 그것은 먼 훗날 노년이 되더라도 없어지지 않는다.
- L. 베토벤(Ludwig van Beethoven, 1770-1827)

한 사람의 양모良母는 백 사람의 교사보다 더 낫다
- J.F. 헤르바르트(Johann Friedrich Herbart, 1776-1841)

저울의 한쪽 편에 세계를 실어 놓고 다른 한쪽 편에 나의 어머니를 실어 놓는다면, 세계의 편이 훨씬 가벼울 것이다.

- 랑구랄 경卿(Henry Bickersteth, Lord Langdale, 1783-1851)

내 집이 이 세상에서 가장 따뜻한 보금자리라는 인상을 어린이에게 줄 수 있는 어버이는 훌륭한 부모이다. 어린이가 자기 집을 따뜻한 곳으로 알지 못한다면 그것은 부모의 잘못이며, 부모로써 부족함이 있다는 증거이다.
- W. 어빙 (Washington Irving, 1783-1859)

여자는 약하다. 그러나 어머니는 강하다.
- V.-M. 위고 (Victor-Marie Hugo, 1802-1885)

청춘은 퇴색되고, 사랑은 시들고, 우정의 나뭇잎은 떨어지기 쉽다. 그러나 어머니의 은근한 희망은 이 모든 것을 견디며 살아 나간다.
- O.W. 호움즈 Sr.(Oliver Wendel Holmes Sr., 1809 - 1894)

우리가 부모가 됐을 때 비로소 부모가 베푸는 사랑의 고마움이 어떤 것인지 절실히 깨달을 수 있다.
- H.W. 비처 (Henry Ward Beecher, 1813-1887)

나는 성장하는 과정에서 좋은 스승과 좋은 벗을 많이 만나 큰 도움을 받았다. 그러나 무엇보다도 아버지로부터 받은 사랑과 교훈, 그리고 모범이 가장 훌륭한 교훈이었다.

- A.J. 발포아 (Arthur J. Balfour, 1848-1930)

방안에서 자기 아이들을 위해 전기 기차를 매만지며 삼십 분 이상을 허비할 수 있는 남자는 어떤 남자이든 사실상 악한 인간이 아니다.

- I.F. 스트라빈스키 (Igor Fedorovich Stravinsky, 1882-1971)

온갖 실패와 불행을 겪으면서도 인생의 신뢰를 잃지 않는 낙천가는 대개 훌륭한 어머니의 품에서 자라 난 사람들이다.

- A. 모루아 (Andre Maurois, 1885-1967)

부모는 아이들에게 자신들의 희망을
억지로 떠다 맡겨서는 안 된다.
그것이 실패의 원인이다.
부모가 해야 할 일은 아이들이 가진 그대로
그가 표현하고 싶은 그대로를 존중해서 여러 가지 분야가
모여 전체를 이룬 사회에 적응하도록 하는데 있다.
부모와 다른 희망을 원한다 해도
반대하지 말고 칭찬해 줘야한다.

칭찬해 주면 아이는 용기를 얻겠지만,
반대하면 위축될 것이다.

- L.M. 굴드(Laurence Mckinley Gould, 1896-1995)

아버지는 나를 강하고 곧고 날씬하게 키워주셨다. 어머니는 나를 기쁘고 건강하고 사랑스럽게 낳아주셨다. 나는 어머니 발에 입 맞춘다.

- M. 윌킨슨(Maurice Wilkins, 1916-2004)

지은과 보은의 노래

지은知恩과 보은報恩의 정신을 잘 담고 있는 '나의 어머니'란 제목의 이 노래는 백인 형제 그룹 오스몬드 브라더스의 막내로 '어리다'는 의미의 '리틀 지미 오스몬드'가 9살 소년 시절인 1972년에 발표한 노래입니다.

나의 어머니

어머니는 내가 행복할 수 있도록 모든 삶을 주셨어요.
내가 가지고 있는 모든 것은 어머니의 덕분입니다.
어머니! 나의 사랑하는 어머니!

나의 어머니!
내가 어렸을 때
어머니는 꼭 가야 할 바른 길을 내게 보여 주셨어요.
어머니의 사랑이 없었다면, 내가 어디에 있었을까요?
어머니! 나의 사랑하는 어머니!

어머니! 어머니는 말로 할 수 있는 것보다

훨씬 많은 행복을 나에게 주셨어요.
내 어머니께 축복을 내리시라고 하느님께 기도합니다.
매일 밤마다!

나의 어머니!
지금 나도 어른이 되었어요.
그리고 나 스스로 인생을 똑바로 걸어 갈 수 있어요.
그동안 어머니가 내게 주었던 모든 것을
이제 내가 어머니께 드리고 싶어요.
어머니! 나의 사랑하는 어머니!

군더더기:

 이 노래는 몇몇 한국 대중가요 가수들이 번안해 부르기도 했었는데, 동양적인 정서에 맞추어 원문을 다르게 의역意譯 하는 과정에서, 어머니에 대한 지은知恩, 즉 고마움은 잘 드러냈으나, 헌신적이셨던 어머니에 대한 보은報恩, 즉 어머니께 효도한다는 중요한 원뜻이 빠져있어 조금 아쉽기에 번안가요 가사보다 원곡에 충실한 해석문을 올립니다.

제2부 부모님만 생각하면 가슴이 먹먹해지네

완묵翫墨 대자가 그린 어려운 시기를 지혜롭게
보내신 한국 어머니의 모습

이곳 제2부에서는 주로 십 년 이상 선 수행을 지속해 오고 계신 선도회의 노사님들과 법사님들의 효에 대한 견해나 불효에 대한 체험 수기를 다루었는데, 이 글을 읽는 독자 분들로부터 '효를 지속적으로 실천하기 위해서는 통찰 체험[참선 수행]이 매우 효과적이겠구나!' 하는 공감을 얻고자 하였습니다. 그런데 사실 진짜 불효자는 자신이 불효자인지 모릅니다. 다만 남들이 불효자라고 손가락질 할 뿐입니다.

한편 이 지면을 빌어 망설임 없이 집안의 추한 모습[가추家醜]까지 드러내며 글을 써 주신 노사님과 법사님들께 다시 한 번 깊은 감사를 드립니다.

나는 불효 그 자체입니다

철심鐵心 이창훈 老師
(사)선도성찰나눔실천회 회장 · 자양동모임 法師

 석가세존께서는 "아기가 태중에 있을 때부터 어미는 갖은 고통을 감수하며 출산 후 흘린 피가 서 말 서되, 먹인 젖이 팔 석사두이며 산고의 고통도 극에 달해 돌아가신 후의 뼈도 남자의 흰 것과는 달리 검다."고 말씀하셨습니다.
 세상에 사람의 몸을 받고 태어나게 한, 부모의 은혜가 하늘보다도 높건만 유독 어머니만 생각하면 가슴이 저려옵니다. 가난한 집에 시집와 모든 면에서 맞지 않는 아버지와 사시노라 어머니는 마음고생이 크셨습니다. 아버지는 집에 대한 관심은 건성이고 어머니만 애를 쓰는 형국이었으며 자연히 가정형편이 어려웠고 이를 헤치고 나가고자 어머니는 무진 애를 쓰셨습니다. 1950년 6월25일 북의 남침으로 우리 민족이 누구나 큰 어려움을 당했으며 우리 집에선 특히 어머님의 고통이 제일 크셨습니다. 피난 시절 떡장사, 국수장사를 하시노라 이른 새벽부터 동분서주하시고 머리에 무거운 짐을 이고 먼 길을 가서 하루 종일 팔아 저녁에 쌀 한 되를 사오시던 모습이 눈에 선합니다.

불행은 혼자서 오지 않는다고 했던가요? 그렇게 애쓰시던 어머니가 49세를 일기로 그 와중에 돌아가신 것입니다. 태어나서부터 어머니께 진 빚이 한량없건만 하나도 갚을 새도 없이 하늘나라로 가신 것입니다. 어머니께 진 빚의 억만 분의 일도 못 갚은 내게 효孝라는 말은 의미만 아는 낯선 단어일 뿐입니다. 또한 효라는 행위를 전혀 해보지 않은 나는 불효 그 자체입니다.

인간 만사萬事는 인연의 법칙에서 한 치의 오차도 없다고 했는데 베풀기만 하고 돌아가신 어머니와 나 사이에는 과연 어떤 인연이 숨어 있었을까요?

팔십 줄에 들어선 지금까지도 풀리지 않는 수수께끼입니다.

시도헌是道軒에서 철심鐵心 합장

군더더기:

철심鐵心 노사老師님께서 선도회禪道會 입문入門 제1호 제자로서 오늘의 선도회가 있기까지 헌신獻身하신 그 공덕功德은 이미 사은四恩에 대해 충분히 보은報恩하시고도 남을 정도로 한량限量이 없다고 생각됩니다. 그렇지만 고생하시던 어머니께서 일찍 돌아가신 것에 대한 회한悔恨 때문에 이런 전철을 밟지 말라는 뜻에서 후학後學들을 위해 가추家醜를 전부 드러내시면서까지 이 글을 쓰신 것 같습니다.

따라서 부모님들께서 생존해 계신 분들의 경우 1부 2장 동양편에서 언급했던 주굉株宏 선사의 '세간世間과 출세간出世間의 효도'를 함께 참고하시면서, 아직 가능한 '후회 없는 효도'에 관해 깊이 성찰해 보시면 좋을 것 같습니다.

효란? 그럼 나는 어떻게 해야 할까?

법등法燈 정경문 老師
성북모임 法師 · 법무사

　효孝란 우리가 알고 있듯이 부모를 섬기는 일이다. 부모는 나를 이 세상에 있게 해 준 은인이시다. 태어난 후에도 온갖 희생을 다하여 우리들을 길러 주시고 배움을 주셔서 우리들이 독립생활을 할 수 있도록 온힘을 기우려 주셨다. 이런 부모님에 대하여 자식들은 당연히 자식된 도리를 다하여 부모님을 잘 섬겨야 할 것이다.

　그럼 어떻게 해야 부모님을 잘 섬기는 길일까? 부모님을 기쁘게 해드리는 것이 잘 모시는 것이다. 부모님을 기쁘게 해드리는 방법은 첫째, 부모님에게 맛있는 음식을 마련해 드리고 따뜻한 방에서 안락하게 사시면서 무병장수 하시도록 잘 봉양하는 것이 그 중의 하나일 것이다. 자기의 정성을 다해 부모님을 편안하게 해드리는 것이다.

　둘째, 내가 사회적 성공을 이루어 또한 부모님을 즐겁게 해드리는 것이다. 그 성공이 모두가 우러러 보는 사회적 지위와 명예를 가져다준다면 부모님들은 틀림없이 기뻐하실 것이다. 셋째, 불도를 깨달아 부모님을 제도한다면 부모님은 영원히 안락할 것이다.

참고로 황벽 스님의 어머니께서 출가한 아들이 어느 절에 주住한다는 소문을 듣고 아들이 무척이나 보고 싶어 천리 길을 멀다 않고 아들을 만나러 달려 오셨다. 그리고는 황벽 스님을 찾았다. 자초지종을 수좌首座로부터 전해들은 황벽 스님께서 가로되, "물 한 모금도 드리지 말고 돌려보내시오!" 황벽 스님의 냉대로 아들의 얼굴도 보지 못하고 쫓겨나다시피 한, 황벽 스님의 어머니는 가슴이 무너지는 시름을 안고 되돌아 오면서 자신을 살펴보니 아들에 대한 그리움이 하릴없는 자기만의 헛된 꿈이었다는 것을 깨닫고는 훌훌 털어 버리셨다는 어느 스님의 법문이 있으셨다.

또 〈목련경目蓮經〉에서 목련존자는 지옥에 떨어진 어머니를 구제하기 위해 지옥까지 찾아가 어머니를 구했는데 지옥을 벗어났으나 과거의 업장이 무거워 개의 몸을 쓰고 나왔다고 한다. 그러자 존자는 흔히 백중百中이라 부르는 음력 7월 보름날 우란분재盂蘭盆齋를 베풀어 어머니를 다시 인간으로 환생還生시켰다는 이야기가 있다.

자! 그럼 나는 어떻게 해야 할까?

무적헌無跡軒에서 법등法燈 합장

군더더기:

법등法燈 노사老師님께서는 선도회 목동모임의 종달宗達 선사 문하로 입문해 1989년 〈무문관〉 점검을 마치시고 현재 암으로 투병 중이신 사모님 간병을 제외하고는 만사萬事를 제쳐놓으시고 부동不動의 평상심平常心으로 성북모임 법사직 수행에 혼신渾身의 힘을 다 쏟고 계십니다. 한편 그동안 전 종정宗正이셨던 서암西庵 선사, 혜암慧庵 선사 등 제방의 선지식들께도 두루 입참入參하시며 오늘에 이르고 계십니다.

어머니 생각

혜정慧頂 김인경 老師
광주모임 法師 · 조선대 미대 교수

1990년 4월 어느 날, 광주 공항로엔 가로수 벚꽃이 흐드러져 그 넓은 한길에 하얀 꽃잎이 눈처럼 날리고 있었다. 그러나 공항에 도착하신 부모님을 모시고 집으로 가는 내 마음은 한없이 무거웠다. 내가 이곳 조선대학교에 부임하고 처음 방문하시는 광주에 하필 어머니는 몹쓸 병환을 진단받으시고 어쩌면 마지막이 될지도 모를 걸음을 하신 것이다.

일찍 미국으로 이민가신 큰형을 따라 부모님도 미국으로 떠나셔서, 내 생각엔 항상 그리던 큰아들 곁에서 적어도 한국에서의 생활보다는 즐겁고 편안하시리라 여기고 있었는데 오랜만의 고국방문 길에 누나가 모시고간 건강검진에서 암 진단을 받으셨다. 그것도 말기에 이르러서 병원에서도 손 쓸 수 없는 지경이라고 했단다. 절망스러운 결론은 앞으로 한 삼 개월 정도의 시간밖에는 남지 않았다는 것이었다.

나는 정말 부모님께 살아오며 아무것도 한 일이 없었다. 그래서 그대로 어머님을 떠나보낼 수는 없었다. 마지막까지 최선을 다해보자고 다짐한 아내와 나는 부모님을 모시고 광주의 작은 아파트에서 난생 처음 해보는 암과의 전쟁을 시작했다. 불규칙했던 어머니의 식단을 조정하고, 아내는 하루 대 여섯 번 열 가지 이상의 채소를 갈아 녹즙을 만들며, 나는 천주교 신자가 아님에도 어머니와 같이 매일 묵주기도를 하였고 아버지는 쑥뜸을 떠주시며 좁은 집에서의 불편함을 참으셨다.

처음 물조차 못 넘기시며 열 발자국 정도도 못 걸으시던 어머니의 상태가 차차 호전 되는듯 하더니 두 달 여 정도가 지나고 부터는 밥 한 그릇을 다 비우시고 혈색이 돌아오시며 혼자 근처 장보기까지 하실 정도가 되었다. 아내는 방법에 확신을 하였고 우리는 점차 희망을 가지게 되었다. 기력이 회복되자 다시 서울로 가신 어머니는 병원에서 확인사진을 찍으셨는데 놀랍게도 암 부위의 절반 정도가 사라졌다는 진단을 받으셨다. 아울러 항암치료를 할 수 있는 체력이 되었다며 병원에서는 항암치료를 권하였다. 어머님은 힘겨운 항암치료를 받으시고는 미국으로 돌아가시겠다고 하셨다. 여러 가지 여건을 고려한 결정이었지만 아내와 나는 아쉬움을 감출 수 없었다.

그로부터 1년 후, 어머니의 상태가 좋지 않다는 연락을 받고 미국으로 갔을 때, 어머니의 모습은 말할 수 없이 마른 채로 더 이상 가망이 없어보였다. 마이애미의 큰형 집으로 가시겠다는 어머니를 모셔다 드렸는데 일주일 만에 큰형 품에서 숨을 거두셨다고 했다. 64년의 짧은 삶을 고생만 하시다가 가신 어머니를 낯선 땅 무덥고 습한 묘지에 묻고는 어린 망아지처럼 한참을 울었다.

술을 한 잔도 못 드시는 아버지와는 달리 우리 삼형제는 술을 꽤 마셔댔다. 어릴 적 가끔 생활에 지치신 어머니께서 내게 막걸리 심부름을 시키셨는데 어머니께서 내게도 한잔씩 따라 주시곤 했다. 대학시절부터 무엇 때문이었을까 나는 거의 매일 술에 취해 새벽에 집에 들어가곤 했는데 대문이 잠겨있어 항상 담을 타고 2층 옥상으로 넘어 들어갔었다. 그런데 옥상에 있던 해변용 의자에 길게 누워 별을 보다가 잠이 들기 일쑤였다. 한겨울에도 그러하니 얼어 죽기 십상인지라 어머니께서는 내가 옥상에 잠들어있으면 어김없이 올라오셔서 깨워 데리고 내려가셨다. 한 겨울 대문 앞에서도 쪼그려 앉아 자고 있다가 어머니가 깨워 들어간 적이 몇 번 있었다. 어머니가 아니었으면 난 벌써 죽었을 것이다.

내가 살고 있는 담양 작업실의 이름이 '청와헌靑蛙軒'이다. 얼마 전 정화조 청소를 위해 찾아온 영감님이 정화조 탱크에 호스를 넣어 놓고는 나를 보고 현판 내용을 묻는다. 나는 '청개구리네 집'이라고 말하고 내가 부모님 말씀을 안 듣고 제멋대로 살았기에 이름을 그리 붙였다고 했더니 영감님 왈 "시방

아들들은 말을 잘 듣느냐"고 물으신다. 난 아들이 없지만 짐짓 "징허게 말을 안 듣는다"고 하고서는 둘이 웃었다.

이십년 전, 작업실을 지어놓고 스스로 대견하여 이름을 하나 붙이려고 하니 유난히 집주위에 많았던 조그만 청개구리들이 생각났다. 또한 일본 도오겐[도원道元] 선사의 물속에 뛰어드는 개구리 일화도 생각나고 해서 법경法境 노사께 상의하고 '청와헌'이라 명명하였다.

되돌아보면 나의 인생행로는 늘 제멋대로였다. 고등학교 시절 미술을 전공하겠다고 했을 때, 어머니는 평범한 직업인이 되길 바라셨지만 끝내 나의 고집을 꺾지 못하셨다. 집보다 학교 미술실에서 합숙하는 날이 더 많았고, 미술반활동 이외의 공부는 뒷전이어서 어머니께서 몇 번씩 담임선생님께 호출을 당하셔야 했다. 한번은 학교에 다녀오시더니 '내가 자식 다섯을 키우는데 공부 못한다고 불려 다니긴 네가 처음이다!'며 창피하다고 하셨다.

다행히 대학에 들어가 계속 전공을 놓지 않았으니 그나마 체면은 세웠지만 언제나 죄송스러웠다. 나이 들고 언젠가 어머니께서는 내게 '그 당시엔 네가 미술을 계속할 지 믿을 수 없었다.'고 하셨다.

돌아가신 부모님에 대한 감정을 쉽게 해결할 수 있는 사람이 몇이나 될지 모르겠으나 나 역시 아직 부모님은 내 마음 속에서 정리되지 않은 채로 남아있다. 환갑의 나이가 되어서도 어머니에 대한 회한은 언제나 부끄러운 그 자리에 머물고 있을 뿐이다. 나는 아이를 키우면서 공부든 무엇이든 강요하지 않은 편이다. 내 자신이 그럴 자격도 없다고 생각한 것인데 다행히 그 아이는 제 갈 길을 알아서 가고 있다. 오늘처럼 벚꽃이 만발하는 계절이 되면 어색한 가발을 쓰신 채 바싹 마르셨던 어머니의 마지막 모습이 떠올라 자주 가슴이 아프다.

청와헌青蛙軒에서 혜정慧頂 합장

군더더기:

혜정慧頂 노사老師님께서는 선도회 목동모임의 종달宗達 선사 문하로 입문해 1989년 〈무문관〉 점검을 마치시고 현재 광주모임 법사직 수행에 혼신渾身의 힘을 다 쏟고 계십니다. 특히 1990년대 초부터 적어도 2년에 한 번씩 선도회 여름 수련회를 청와헌에서 개최해오고 있는데, 이때마다 가톨릭 신자이신 사모님께서 늘 기꺼이 수련회 주방을 책임지시면서 헌신해 오고 계십니다. 이 지면을 빌어 두 분께 다시 한 번 깊은 감사를 드립니다.

불효하지 않으면 행복하다

법장法藏 권영두 老師
독립문모임 法師 · 대성문화사 대표

 이 글은 내가 늘 존경하는 은사님의 후계자인 법경 선배 노사의 부탁을 받고 힘들게 쓴 것입니다. 이렇게 힘들 줄 알았더라면 나는 불효자이기 때문에 쓸 수 없다고 양해를 구할 것을 아무 말 안했으니 책임질 수밖에 없어 쓴 글임을 먼저 밝힙니다.
 사실 나는 효행에 관한 글을 쓸 만한 자격이 전혀 없습니다. 그러므로 오히려 내가 불효자였던 사실을 밝히게 되었습니다. 아래와 같은 부끄러운 고백이지만 현대의 고학력 젊은이들 가운데 몇 사람이라도 긍정적으로 읽으며 조금이라도 도움이 되기를 바라면서 썼습니다. 오래된 어린 시절까지 되새기면서 쓰게 되서 이만 저만한 고역이 아닐 수 없었습니다.
 나는 일제치하이던 1930년 여름에 몹시 가난했던 농가에서 태어났습니다. 당시는 여러분들이 역사공부로 알고 있는 것보다 더 비참했었습니다. 나는 그런 열악했던 환경 속에서 요행히 잘 자랐습니다. 당시는 어린 아이가 죽을 병에 걸리거나 전염병에 신음해도 속수무책으로 죽을 수밖에 없었기 때문에 요행이란 말을 하게 된 것입니다. 그런데 그렇게 요행히 자랐는데도 이렇게 좋은 시대까지 오래 잘 살고 있으므로 행운이라 하지 않을 수 없습니다.

나는 만 아홉 살에 어머니께서 초등학교에 보낼 수 없다고 해서 비 오던 날 마당을 구르면서 떼를 쓴 끝에, 다행히 학교에 다닐 수 있었습니다. 그때 어머니와 약속하기를 집에서 식구처럼 소중히 키우는 농우를 거두는 일은 내가 계속 맡기로 약속했었습니다. 밤에는 호롱불 밑에서 엎드려 공부하는 것이 놀기보다 재미있었습니다. 등잔불 기름이 바닥났을 때는 송진이 배인 솔가지로 불을 밝히기도 했습니다. 그리고 겨울밤에는 가마니도 짜고, 디딜방아, 연자방아 일까지 마다하지 않고 했습니다. 내가 자랄 때는 가뭄이 극심한 이듬해 춘궁기에는 초근목피로 연명했기 때문에 영양결핍으로 제대로 자랄 수 없었습니다.

할아버지는 우리 아버지만 낳으시고 일찍 돌아가신 할머니와 사별하신 뒤 오직 아들이 잘되기만을 바라시면서 열심히 농사에만 열중하셨던 분이며 농도인農道人이라 불리실 만큼 존경하고 있습니다. 어머니는 1899년생으로 부모님의 뜻에 따라 17세에 3년 연상이시던 아버지와 결혼하신 이듬해에 형님을 첫 출산하셨습니다. 형님이 태어난지 1년 뒤 아버지는 돈을 벌고자 현해탄 건너 일본으로 떠나시고 홀로되신 할아버지를 극진히 모셨습니다. 형님이 다섯 살 때 아버지가 그리워 어린 아들을 데리고 어렵게 일본에 찾아가서 잠시 지내시다가 할아버지가 걱정스러워 서둘러 귀국하셨고 그 이듬해에 누님을 출산하시고 또 7년 뒤에는 혼자 아버지를 만나고 오신 다음해에 나를 세 번째 출산하셨습니다. 그러므로 그 시대에도 누나와 나는 참으로 쉽지 않게 태어났습니다. 어머님은 장수하시다가 84세에 떠나셨습니다. 형님은 위암으로 49세에 떠나시고 6년 후 형수마저 고혈압으로 떠나신 뒤, 유일하게 남으신 누님은 91세로 고향에서 장수를 누리고 계십니다. 누님도 학문은 깊지 않지만 '달도인達道人'처럼 사시고 계십니다. 그래서 나는 학식으로 인격을 판별하지 않습니다.

나는 학교에서 73명이 한 학년인 동기들 가운데 가장 우수한 성적으로 졸업하고도 도시에 있는 학교로 진학할 수 없는 형편으로 어쩔 수 없어 그대로 고향에 살 수 밖에 없었습니다. 그 무렵 일제의 징용으로 고향을 떠난 분들이 집으로 소식을 알리던 편지를 읽어드리고 답장을 대필해 드리기까지 하였습니다. 학교에 다닐 때부터 우리 집과 마을을 어떻게 하면 좋게 변화시킬 수 있을까를 골똘히 궁리 하곤 했습니다. 그때 마음먹기를 내가 공부를 해서 돈을 많이 벌어서 고향에 무상으로 교육하는 중학교를 세워야겠다고 결심했었습니다. 그래서 어머니께 언젠가 내가 없어지거든 서울로 공부하러 간 것으로 아시고 걱정 마시라고 말했습니다. 그때 어머니가 웃으시면서 "이 녀석아! 누가 너더러 공부시켜 주겠으니 서울로 오라는 기별이라도 받았느냐?" 하시고 헛된 꿈을 꾸지 말라고 하셨습니다.

광복된 다음해인 1946년 16세 때 아직 쌀쌀하던 이른 봄에 아침 일찍 아버지와 형님을 따라 마을 뒤 산 넘어 깊은 산골에 소작하던 다락 논에 객토작업을 나갔습니다. 그때 점심을 먹은 후 아버지와 형님 몰래 고향을 떠났습니다. 난생 처음 버스를 타고 자갈길을 달려 겨우 영덕군 소재지에 가서 여인숙에서 골아 떨어졌습니다. 이튿날 첫 버스로 안동에 가서 그림으로만 알았던 증기기관 완행열차를 타고 몇 시간인지 느릿느릿 달리더니 다음날 날이 샐 무렵에 꿈속에 그리던 서울역에 막연히 내리게 되었습니다. 그날 오후 고향에 '서울에 도착했다'는 짤막한 전보를 띄웠었는데, 그 뒤에 고생하면서 공부하던 얘기는 꺼내지 않겠습니다.

온갖 고생을 참고 견디면서 공부해서 전쟁이 나던 1950년에 홍익대학 국문학과에 진학하고 처음으로 사흘 동안 고향에 다녀왔습니다. (당시엔 모교 역시 인문계 단과대학이었습니다.) 그런데 뜻하지 않게 전쟁이 한 학기 마치기 전에 터졌습니다. 그 당시 걸핏하면 북진통일 하겠다고 하고, 막상 전쟁이 터지자 서울을 사수할 것처럼 큰 소리만 치더니 국민들이 겪어야만 했던 그 참상은 이루 말할 수 없었습니다. 나는 충북 청원군 북일면에서 7월 하순부터 이듬해 1.4후퇴 때까지 지내다가 1951년 1.4 후퇴 때 걸어서 고향으로 가던 중 대구시내 입구에서 국민방위군에 잡혀 칠성국민학교에 강제로 수용되었다가 미군용 트럭에 실려 강원도로 끌려가게 되었습니다. 그때 강원도에서 105노무사단 127연대 행정요원으로 근무할 때 연대장의 배려로 특별히 귀향증명과 종군기장증을 받고 51년 8월에 전쟁 후 처음으로 고향에 갔습니다. 그때 고향 집에서는 생사를 알 수 없어 몹시 궁금해 하고 계셨는데 집에서 작은 잔치를 열 정도로 기뻐했었습니다.

며칠 쉬고는 부산에서 피난하던 모교에 가서 종군기장증과 귀향증으로 2학기 등록금 면제 혜택을 받고 전시 학생증도 받았습니다. 당시 고향 마을에서 큰 부자로 꼽던, 나보다 2년 연상 친구가 좌천동에서 자취하면서 당시 국립수산대학(지금의 부경대학)에서 수산경제학을 공부하고 있었습니다. 나는 다행히 그 친구와 함께 자취하면서 열심히 공부할 수 있었기 때문에 정답던 우정을 잊지 않고 살았으나 그 친구는 고향에서 고등학교 수학교사로 살다가 54세 짧은 생을 마감한 것이 못내 안타까웠으며 지금도 가끔 그리워집니다. 1952년 2학년 새 학기부터 학비마련이 어려워서 아르바이트나 장사라도 해보고자 시내를 돌아다니면서 물색해봤지만 피난시절이라 여의치 않았습니다. 계속 공부할 수가 없어서 1953년 3학년 때 5월에 학도간부후보생으로 자원해 논산훈련소를 거쳐 보병학교교육을 받고 54년 1월에 육군 소위로 임관하여 대암산 휴전선에서 소대장으로 군대 생활을 시작했습니다. 중위로 진급한 뒤 보병대대 교육 작전 장교에서 지원 예편할 때인 57년 5월 무렵은 27세였습니다.

고향에 잠시 다녀와서 제대 시 입고 왔던 군복을 염색해 입고 이력서를 여러 장 주머니에 넣고 청년다운 기백으로 일할 곳을 찾아 다녔습니다. 1주일간 뛰어다닌 결과 서울지방전매청에서 보낸 취업통보를 받았지만 당시의 공무원 봉급이 박봉이었기 때문에 포기하고 월급이 후하였던 회사에 취직했습니다. 열심히 일했더니 6개월 만에 20인의 책임자가 되었습니다. 그 무렵 군인시절 두 번째 휴가 때 고향에서 부모님이 바라시는 대로 결혼하고 아내와 3남매를 낳고 열심히 살았습니다.

직장생활 3년 뒤 돈 버는 준비로 4부자가 경영하던 상사로 일자리를 옮겨 열심히 일했더니 인정을 받게 되었습니다. 1년 후부터 사장님의 신뢰로 인감도장 대행자 역할을 하였기 때문에 후한 월급을 받으면서 많은 경험도 쌓을 수 있었습니다. 빨리 큰돈을 벌고자 34세에 친구와 주식회사를 설립하고 새벽부터 잠잘 시간도 아끼고 끼니도 걸러 가며 미친 듯이 노력해서 어릴 적 꿈을 실현하고자 노력했습니다.

60년대 후반에 광복 후 처음으로 서울에서 산업박람회가 열렸습니다. 그때 아버지가 처음으로 우리 집에 10여 일 간 다녀가셨습니다. 그때 이틀을 쉬면서 아버지와 함께 박람회를 구경도 하고, 고궁과 남산 길을 거닐고 개발되기 전 한강 둑에 앉아서 이런저런 이야기를 나누었습니다.

아버님이 나에게 "이제부터 잘 들어라!" 하시고 "내가 너희 집에 와서 며칠 동안 네가 사는 꼴(모습)을 보고 충고하지 않을 수 없어 말하겠으니 경청하고 고쳐 살면 성공할 것이지만 만약 그렇지 않는다면 후회할 것이다."라고 말씀하셨습니다.

첫 번째 교훈은 "누구든지 여유롭게 살면서 밥과 술을 흔하게 함께 나눌 때는 형이라 아우라 부르며 벗하는 사람이 얼마든지 있지만 만약 급하고 어려울 경우를 봉착했을 때는 한 사람도 없단다. 그러니 이해득실 관계로 접촉하는 인간관계에서 아무나 접촉하지 말고 가리면서 조심하여라. 그리고 덜 바쁘게 살도록 해봐라."

두 번째 교훈은 "근검절약하면서 어렵게 살더라도 저 건너 묵고 있는 밭이라도 사둔다면 언젠가 놀라운 값어치가 될 것이다. 너무 욕심 부리지 말고 바르게 성실히 살도록 해라. 아무리 진귀한 음식이라도 과식하면 해롭지 않더냐!" 말씀 하시고 지금 하고 있는 사업 규모를 줄인 다음 여유 돈으로 땅에 투자하면 그 보다 훨씬 유익하리라.

세 번째 교훈은 "네 허물을 알았거든 반드시 고쳐 살라" 말씀하시고 맺으셨다. 그리고 고향에 내려가신 뒤에도 편지 왕래를 통해서, 특히 접촉하는 사람을 너무 가까이 하지 말라 하시던 그 편지는 빛바랬지만 아직도 소중히 간직하고 있습니다. 그러므로 내가 의식적으로 불효한 것이 아닙니다.

아버님의 첫 번째 교훈은 초등학교에 들어가기 전에 서당에서 배웠던 〈명심보감〉 교우편交友編에 있는 글을 말씀하셨고, 두 번째 교훈은 아들보다 35년 앞서 타국에서 사시면서 경험하신 안목으로 보신 견해였고, 세 번째 교훈은 역시 어릴 때 천자문에서 배웠던 글을 자세히 설명 강조 받았던 것을 알고, 즉시 충실히 실행하리라 다짐했었습니다.

그리고 하던 사업을 성실히 하였더니 점점 호전은 되었습니다. 당시 경쟁 입찰로 1년간 농산물과 수산물을 다량 납품할 계약을 했지만 실행에 옮기려던 해에 극심한 가뭄과 흉어로 계약을 이행하는데 큰 타격을 감내할 수밖에 없었습니다. 그런 뒤 회복할 수도 없게 국회에서 법제도가 개정 되어 사업을 접고 문을 닫아야만 했습니다. 그러므로 사업에도 운도 따라야 한다는 말이 생긴 것 같습니다.

당시 오래 사귀던 사람들을 믿고 모르는 일에 투자한 것 마다 손해를 보고 한 때 우울하게 살 때 30대에 지나친 욕심을 부리면서 내 멋대로 잘못 산 결과, 1975년 45세 때 원자력병원에서 위천공 수술을 받고 퇴원했을 때는 실로 암담했었습니다. 병원에 입원할 때 하던 일을 7년 연상이던 사람에게 믿고 잠시 맡겼는데 퇴원하였더니 이미 종적을 감춰버린 뒤였습니다. 그때 너무 기가 막혀 무기력하던 체력으로 정신없이 어리석게 그 사람을 죽이고 싶어 찾아 헤맬 때, 심기일전하여 새롭게 살 수 있었던 것은 다행히 불법을 만났기 때문입니다.

그 뒤부터 불법을 배우면서 소년시절과 군복을 염색해 입고 뛰던 정신으로 다시 태어난 듯이 살 수 밖에 없었습니다. 그래서 소년 때의 꿈을 접고 예비군 중대에서 알았던 분의 출판사에 가서 책판매원으로 열심히 뛰었습니다. 당시의 도서외판은 무겁게 들거나 걸머지고 다녔습니다. 열심히 뛰다가 3개월 후 혼자 희귀한 한의학 도서만 작은 규모로 영인하여 걸어서 전국을 뛰어 다녔습니다. 그때부터 점점 가정생활이 안정되고 여유로워져서 1980년에 한의학 전문도서 출판사를 설립하여 지금까지 가업으로 굳혀 오고 있습니다.

내가 앞에서 밝혔듯이 16세에 가출하여 서울에 도착하던 날 고향에 전보로 소식을 전한 것처럼 계속하여 편지로 부모님의 조언을 받지 않고 내 멋대로 살았던 것과 아버님의 교훈을 들은 즉시 제대로 엄수하지 않았던 벌로 40대에 혹독한 시련을 경험한 사실은 불효의 결과이므로 지과필개知過必改하고 살았습니다. 현대의 젊은이에게 당부하건데 부모가 근심하지 않도록 조언을 받으면서 살면 나와 같이 어리석지 않게 행복하리라는 말로 내가 불효하였던 고백을 마치고자 합니다.

마무리 하는 글로 나는 현대인의 효행은 가장 먼저 사람으로 태어난 사실에 늘 부모에게 감사하는 마음으로 살아야 하리라 생각합니다. 지금은 대가족으로 살 때와 달리 자녀를 많이 낳지 않고 핵가족으로 살기 때문입니다. 사람마다 처지에 따라 살면서 부모가 마음 상하지 않도록 사는 것이 효행이라 생각합니다. 현대의 자식은 학창시절에는 학생답게, 성인이 되면 결혼하여 부모를 떠나 가정을 이루고 살더라도 마음만은 언제나 부모를 잊지 않고 사는 것이 자식의 도리일 것입니다. 부모와 함께 살지 않더라도 일주일에 한 번만이라도 전화로 소통하고 한 달에 한 번만이라도 찾아가서 생활을 보살피는 것이 효행이며 자기가 행복할 수 있는 태도로 여깁니다. 그리고 살다가 만약 힘들고 어려운 일이 있을 때 부모님의 조언을 받으면 잘 풀릴 수 있으리라 확신합니다.

부모님과 일찍 사별한 자식이라면 돌아가신 부모님의 생신일, 기일, 명절 때만이라도 정성을 기우려 기리고 사모하면 즐거울 것이기 때문에 사람다운 효행일 것이라 생각됩니다. 우리들이 어찌 조상이 없이 어떻게 존재할 수 있겠습니까! 아무리 잘난 척 과시하면서 살더라도 명절 때 외국 나들이를 즐기는 행태는 사람의 가치관을 상실한 불쌍한 인간일 수밖에 없습니다. 사람은 짐승과 달라서 사람답게 사는 삶이란 효행하면서 사는 것이라고 말할 수 있습니다. 그러므로 현대의 효행은 옛날보다 훨씬 어렵지 않다고 생각합니다. 즉, 자식다운 양심을 버리지 않으면 행복해질 수 있습니다.

젊은이들이여! 그대들도 머지않아 땅을 치며 크게 후회할 수도 있을, 효행孝行을 저버리지 않기를 간곡히 권고하오!

정안헌正眼軒에서 법장法藏 합장

군더더기:

저는 작년 2012년 8월 23일 정오 무렵, '주머니 속 인성계발 시리즈' 첫번째로 출간한 〈좌선〉 책도 전해 드릴 겸 인달印達 거사님과 독립문 모임 자택을 찾아뵈었었습니다. 이때 '주머니 속 인성계발 시리즈' 두번째로 〈온몸으로 읽는 지구촌 효 이야기〉를 계획 중에 있는데 선도회 모든 노사님과 법사님 및 회원 여러분의 효 관련 수기를 실을 예정이니 법장法藏 노사님께서도 "부모님과 얽힌 효 관련 짧은 글을 써주십시오." 하고 부탁을 드렸습니다.

그 결과 지난 2013년 1월 5일 종달宗達 선사님 차례 때 오셔서 제일 먼저 매우 두툼한 원고 뭉치를 건네주셨습니다. 그런데 지면의 제약으로 여기에서는 축약본만 소개해 드리고 전문은 선도회 홈페이지에 올렸습니다. 아무튼 84세의 고령이심에도 불구하시고 매사에 솔선수범하시는 그 모습에 그저 감복할 따름입니다.

고차적 효도와 명상

천달天達 예수회 서명원 신부
신촌제3모임 法師 · 서강대 종교학과 교수

유교儒敎 문화권에서 멀리 떨어져 있는 캐나다 퀘벡 주 출신인 필자는 한국에 오기 전까지 공자孔子가 논어論語에서 말하는 효도孝道에 관한 얘기를 들어 본 적이 전혀 없었다. 그렇다고 해서 필자에게 효자孝子의 마음과 정신이 없었던 것은 결코 아니다. 당연히 평생토록 부모님을 존경하며 섬기고, 아버님과 어머님이 인생을 마감하실 때까지 두 분을 충실히 모셔야만 하는 강한 의무감을 가졌다. 그렇게 하려고 하는 것은 동서를 막론하고 정상적인 인간이면 누구나 자연스럽게 가질 수밖에 없는 마음과 정신이라고 보아야 하겠다. 그리스도교 문화권에서는 중동고대문명의 산물인 성서聖書에 나오는 하느님의 십계명十誡命 중 하나가 "장수長壽하려면 아버님과 어머님을 존경하며 모셔라"는 내용을 담고 있다.

그런데 잘 살펴보면 성서 안에는 하느님의 뜻을 찾고 실천하는 것이 인생의 최고 목적이라는 가르침도 분명히 적혀있다.

그래서 그리스도인들이 소위 주主님의 기도를 바칠 때 "하늘에 계신 우리 아버지, 아버지의 이름이 거룩히 빛나시며, 아버지의 나라가 오시며, 아버지의 뜻이 하늘에서와 같이 땅에서도 이루지소서"라고 한다. 여기서 말하는 아버지야 말로 주님 즉 하느님을 말하는 것이다. '아버지'란 낱말은 결국은 언어화할 수 없는 초월주超越主이신 하느님을 아버지로 뿐만이 아니라, 어머니나 부모로까지도 생각하고 인격화人格化한 데에서 오는 의미심장한 표현법이라고 할 수 있다. 이는 아마도 노자老子가 도덕경道德經 제1장에서 '도道라고 이를 수 있는 도道는 영원한 도道가 아니다[道可道 非常道]'라고 하며 언어화하기 불가능한 영원불변한 도道를 부모로 비유한 것과 유사할지도 모른다. 다시 말해서 부모이신 하느님의 뜻을 '하늘님'의 뜻으로서 하늘의 뜻을 가진 '천天'이나 '건乾'이나 '원圓'으로 표현한 천리天理나 건리乾理나 원리圓理와 같은 기타 개념들과 동일시 할 수 있다. 〈신약성서新約聖書〉 가운데 루가 9장 19-21절이나 또는 요한 1장 12-13절에서는 예수님이 "주님의 말씀을 경청敬聽하고 실천하는 사람들은 혈육血肉관계를 떠난 새로운 가족을 이룬다."고 한다. 그래서 한국의 가톨릭 신자들이 "세례식洗禮式의 물이 피 즉 혈액血液보다 더 진하다"고 한다.

그렇다면 혈육적인 부모님의 뜻을 지키면서도 하늘에 계신 아버님의 뜻을 지킬 수 있느냐 하는 의문이 자연스럽게 제기

될 수밖에 없다. 양자兩者의 뜻이 양립될 수 있다면 문제가 전혀 없겠지만, 양자의 뜻이 상충적일 때 어떻게 해야 하는가 하는 물음이 생긴다. 〈신약성서〉 가운데 루가 2장 49절에서 열두 살이 되던 해의 예수가, 즉 어른이 된 예수가, 혈육적인 아버님과 하늘의 아버님을 분명히 구분하면서, 전자의 마음을 심히 상하게 할지라도 후자에 뜻을 최우선시 해야만 한다고 선명하게 말씀하신다. 그것은 더 높은 도리道理를 추구하기 위한 '고차적高次的 효도孝道'라고 할 수 있지 않은가 싶다. 명상冥想하는 구도자求道者일수록 그 고차적인 효도를 인식하며 살기 시작하기 마련이라고 볼 수 있다.

그러한 고차적 효도를 석가모니의 삶 안에서도 분명히 찾을 수 있다. 그의 부친인 석가국의 임금 숫도다나는 자신의 아들이 후임자가 되기를 간절히 바랐기에, 태자가 출가하기를 적극적으로 반대했었단다. 그러나 젊은 싯다르타는 사문유관四門遊觀하고 난 다음부터, 즉 노인·병자·시체와 도인道人을 만나고 나서부터 꺾으려야 아무도 꺾을 수 없는 출가심이 생겨서 아버님의 뜻과 다르게 그 구도심求道心을 따라가기로 결단내린 것이다. 오래 지난 후에 숫도다나도 아들이 열어준 불도를 따라가기로 했다.

필자는 부모님의 뜻을 따르기 위해서, 즉 효도를 다 하기 위하여, 19살부터 25살까지 맛있는 포도주로 매우 유명한 프랑스 서남 지방 보르도시의 의과대학에 열심히 다녔다. 우리 가족은 형과 아버님을 비롯하여 오래 전부터 대대로 의사집안이기 때문에, 암암리에 아들이라면 의사가 되어야만 한다는 의식이 아주 지배적인 집안 분위기였다. 그러나 필자는 보르도시의 병원에 근무하면서 포도주를 마실 겨를도 없이, 의사들조차 풀지 못하는 생로병사의 이치가 당시 삶의 화두가 되었다. 그래서 꾸준히 명상생활을 하기 시작했다. 명상을 하면 할수록 하느님이신 아버지께 고차적 효도를 해야 한다는 의식이 생기게 되었다. 그러다가 어느 날 의학 공부가 천리天理가 아닌 부모의 뜻일 뿐이라는 것을 문득 확철廓徹하게 깨닫고 졸업하지도 않은 채, 의학 공부를 과감하게 중단하고 예수회란 수도회에 입회入會하기로 결단했다. 그리고 나서 필자가 사제 서품을 받게 된 날까지 즉 거의 15년 동안, 부모님으로부터 외부인인 것과 같은 냉정한 대접을 받으면서 살다시피 해야 했다. 그러나 서품식 날 바야흐로 부모님은 아들이 택한 수도생활의 가치를 인정해주기로 하셨다. 그것은 아마도 부모님께서는 유아 세례를 받은 아들이 최우선적으로 따라야 하는 뜻이 자신들의 뜻이 아닌 하느님의 뜻임을 깨달으셨던 것이다. 뿐만 아니라, 부모님은 마침내 아들이 그 고차적 효도를 끝까지 하려고 하는 마음과 정신이 결국 부모님에 대한 효도를 다하는 것 까지도 포함하고 있다는 점을 이해하셨던 것이다.

2013년 3월 하순, 도전4리 산골에서,
천달天達 (서명원徐明源 신부) 고개 숙여 올림,
Bernard SENÉCAL S.J.

군더더기:

천주교 예수회 한국관구 소속 신부神父이신 천달 법사께서는 1996년 신촌제 1모임의 법경法境 노사老師 문하로 입문해 입문과정을 마치고 천주교의 달도인 達道人이라는 뜻의 법호 '천달天達'을 받았으며 지속적으로 수행해 〈무문관〉 점검을 마치시고 현재 신촌제3모임과 여주모임 및 해외지부의 법사직을 수행하고 계십니다. 특히 여주모임을 활성화해 불교와 천주교를 잇는 가교 역할에 혼신의 힘을 다하고 계십니다.

어머니 당신은

통방通方 정곡正谷 스님
양평모임 法師 · 정곡사 住持

어머니 당신은 위대하셨습니다.
이 몸 낳아 젖을 먹여주셨고
일어설 수 있게 응원하셨고
걷기는 얼마나 바라셨나이까.

어머니 당신은 위대하셨습니다.
바르게 보라 눈 씻어주시고
좋은 말 들으라 귀 씻어 주시며
덕 있게 말하라 입 씻어 주셨고
이쁜 놈아 내 아들아
얼마나 얼마나
얼굴 씻어 만져 주셨나이까.

어머니 당신은 위대하셨습니다.

자애의 미소 보여주셨고
포근히 안아 품어주셨으며
좋은 꿈 꾸라고, 큰 꿈 꾸라고
얼마나 얼마나
등 다독여 주셨나이까.

어머니 당신은 위대하셨습니다.
형을 낳고 누나 낳아
똑같이 길러내어
따라가라 협력하라
화목하라 우애하라 일렀으니
어머니 당신은 참 위대하셨습니다.

지금 어머니는 어디에?

'효孝' 하니 생각나는 대목이 있습니다. 출가인出家人의 진정한 효는 진리를 깨달아 계합契合하는 것이겠지요.

젊은 시절 조계종 종정을 지내신 서암西庵 큰스님을 모시고 살 때입니다. 마침 어머니께서 돌아가신지 10년이 되는 날이었는데 출가는 하였다지만 늘 돌아가신 어머니가 맘에 남아 있던 터라 궁금한 점이 있어 큰 스님께 여쭙게 되었습니다. 그런데 이 날은 서암 큰스님과 스님의 도반道伴 스님들께서 함께 계신 자리였습니다.

"오늘은 저의 어머님께서 돌아가신지 10년 되는 날입니다. 큰스님께서는 저의 어머님이 어디에 계신지 아시겠습니까?"

옆에 계시던 도반 스님께서, 질문이 떨어지기가 무섭게,

"날개 부러진 학이 눈먼 거북을 안고 하늘 높이 날았도다! 아시겠는가?"

당시 소납小衲은 분명치 못해 멍 하고 있는데, 서암 큰스님께서 이어 다그치는 말씀을 하셨습니다.

"어떤가? 이런 말은 알고 있겠지!"

통방通方 합장

군더더기:

정곡 스님은 1978년 마곡사로 출가하시고 1979년 수덕사에서 혜가 스님을 은사로 득도하셨으며 1985년 범어사에서 자운 스님을 계사로 구족계를 수지하셨습니다. 1979년 천장암에서 경허 스님의 참선곡으로 발심한 후 송광사의 수선사 동안거를 시작으로 제방 선원에서 안거하셨습니다. 특히 1984년 봉암사에서 용맹정진결사 수행을 하신 후 지견智見이 열리시어 1987년 서암西庵 큰스님께 '망명당亡名堂'이라는 당호를 받으셨습니다. 이후 운수행각으로 수행 정진하시다 "마음 하나 쉬어 모두를 품을 수 있는 수행자"가 되고자 '정곡正谷'이라고 아호雅號를 정하시어, 2006년 경기도 양평의 통방산 자락에 수행처의 이름도 '정곡사正谷寺'라 짓고 터를 다지던 중, 2009년 말부터 법경法境 노사와 교류하시면서 〈무문관無門關〉과 〈벽암록碧巖錄〉에 있는 공안公案 점검을 모두 마치셨으며, 2010년 3월부터 통방불교참선학교를 열어 간화선看話禪 대중화를 위해 혼신의 힘을 다하고 계십니다.

부모님만 생각하면 가슴이 먹먹해지네

혜운慧雲 윤희운 居士
수원모임 法師 · 남수원 중학교 교감

 부모님만 생각하면 가슴이 먹먹해집니다. 특히 아버지를 생각하면 맘이 무척 아픕니다. 이제 저도 나이가 60고개를 바라보니 친구들과 주변 지인들의 애경사가 부쩍 많아졌습니다. 특히 애사의 경우 상가 집에 들러보면, 상주에게는 안타까운 이야기겠지만 그래도 고인들은 우리 아버지를 생각하면 장수하신 편이란 생각이 들며, 일찍 돌아가신 아버지가 그리워집니다.

 우리 아버지는 교육공무원으로 많은 고생을 하셨습니다. 좀 편하게 근무하실 수도 있었겠지만 교육철학과 자존심이 강하셔서 소위 말하는 청탁을 잘 못하셨습니다. 교장으로 퇴임하셨지만, 집에서 먼 변두리 지역에서만 근무하셨습니다. 칠남매에 삼촌 두 분, 고모 한 분에 조부모님까지 모두 14식구를 부양하셨으니 공무원 박봉에 10명을 교육시킨다는 일은 지금 생각하면 상상도 할 수 없는 일입니다. 물론 어머니의 피나는 절약 습관으로 내조를 하셨기에 가능한 일이었습니다. 대가족(조부모님 포함 14식구) 부양하신다는 일은 지금 생각하면 기적에 가까운 일이 아니었나 싶습니다. 삼촌 두 분과 고모 한 분을 결혼하여 분가시킨 후에, 손위 형님 두 분이 제 역할을 해 주셨으면 부모님이 좀 덜 힘드셨을 터인데 그러지 못해 매우 안타까웠습니다.

제가 결혼을 하고 이제는 편히 쉬시게 해 드려야겠다 싶을 때 병을 얻어 유명을 달리 하셨습니다. 얼마나 가슴이 아팠던지.... 정년퇴임도 못하시고 63세로 유명을 달리 하셨습니다.(당시는 정년이 65세임) 얼마나 억장이 무너지고 죄스러운 마음이었던지...

사실 제가 참선수행에 입문하게 된 동기도 아버님이 한참 편찮으셔서 고통스러워하실 때입니다. 고통스러워하시는 모습을 뵈며 그 고통에서 벗어나게 해드릴 길이 없을까하는 마음에, 기氣 치료 공부를 위해 참선수행을 시작했습니다. 후에 모든 것은 마음에서 비롯되고 마음을 다스려야 한다는 것을 알게 되었지만......

올해 어머니는 90세를 맞이하셨습니다. 아버지 돌아가시고 29년을 홀로 살아오셨지요. 대가족의 맏며느리로 절약이 몸에 배이신 분이죠. 지금 젊은 사람들 보면 택도 없는 일이지만, 어느 날인가 부엌에 쉰(상한) 음식냄새가 나길래 그릇을 열어 어머님께 버리라고 말씀을 드렸더니 알겠다고 하시고는 버리시는 것 같았습니다.(버리시는 시늉만 했을 뿐) 나중에 알고 보니 끓여서 식혀 드셨다는 것을 알고, 제가 어머님께 막 뭐라고 했더니 어머니는 위가 튼튼해서 끓여 드시면 탈이 안 난다고 하시는 소리에 무척 화가 나면서 마음이 찡해지는 것을 느꼈습니다. 그러한 세월을 오래 사시다 보니 한恨이 많으신 것 같습니다.

부부는 닮아간다고 하던가요. 돌아가신 부친父親과 성향이 비슷해져서 몹시 자기 주관이 세십니다. 한도 많고 자기 주관도 세시니 자녀들이 무척 힘들어 합니다. 특히 며느리들은 더할 나위가 없습니다. 말씀은 안 하시지만 90년을 사시면서 형님 두 분과 동생 한 명을 먼저 보냈으니 그 속 타시는 마음은 오죽하시겠습니까!

3남으로 늘 집안 대소사를 챙기게 되는 입장이고, 자연스레 집안 장남역할을 하고 있으니, 자식이라면 장남이건 차남이건 가릴 것 없이 형편 되는 사람이 하는 것은 당연하다고 생각하지만, 이 역시 혼자서는 되지 않는다고 생각합니다. 안식구의 내조가 없으면 힘든 일입니다. 모두 각자 위치에서 제 역할만 하면 된다고 하지만, 이보다 더 좋은 방법은 '역지사지易地思之'라는 사자성어四字成語를 새기며 인생人生을 조금이라도 더 살아야 할 사람이나 역학적으로 힘의 우위에 있는 분이 상대방을 생각한다면 '만사형통萬事亨通'일 것입니다.

부모 자식 간에도 그 연세, 그 입장에서 생각해 드리면 이해를 못할 것이 없을 것 같습니다. 제가 나이를 먹고, 컨디션이 안 좋을 때는 입맛이 없을 때도 있습니다. 부모님에 비하면 젊은 나도 입맛이 없는데 90세를 넘어가는 어머니가 입맛이 없다고 어리광 부리시는 것은 당연하게 생각됩니다. 생각은 이렇게 하면서 막상 어르신의 반복적인 상황에 접하게 되면 은연 중 짜증이 나는 것은 왜 일까요? 사람이 덜 되어 그런 것 같습니다. 부모님에 대한 '효孝'는 아무리 잘 하려해도 부족한 것 같습니다. 아무래도 저는 불효자不孝子인 것 같습니다.

요즘 아침에 눈뜨면 '사홍서원四弘誓願'과 '신사홍서원新四弘誓願'을 모두 염송念誦하고 '효孝'란 무엇인가를 화두話頭로 잡고 하루를 시작합니다. 근무하면서 잠깐의 여유가 있을 때 부모님을 생각하면 눈시울이 뜨거워지고, 가슴이 먹먹해지는 느낌이 드는 것은 왜 일까요? 오늘도 다시 한 번 '효'를 다짐해 봅니다.

혜운慧雲 합장

군더더기:
혜운 법사께서는 선도회 목동모임의 종달 선사 문하로 입문해 〈무문관〉 점검을 본격적으로 받던 도중 선사께서 입적入寂하심에 따라 그 뒤를 이은 법경 노

사 문하에서 〈무문관〉 점검을 마치시고 현재 수원모임 법사직을 수행하고 계십니다.

그리운 아버님, 그리고 어머님

지천智川 홍치원 居士
인천모임 法師 · 법무사

아버님은 2남 3녀의 장남으로 태어나셨다. 고조부님께서는 그 당시 머슴을 여럿 두고, 이자 돈을 놓을 만큼 상당한 재력가셨다고 한다. 그 당시 이자는 그해 가을걷이를 마치면 그 수확한 곡물로 받았다고 한다. 그런데 어느 해 큰 흉년이 들어 빌려준 돈이 회수가 되지 않게 되었고, 그로 인해 머슴들에게 새경을 줄 수 없게 되자, 고조부님께서는 새경을 농토로 대신해서 나누어주었다. 그 이후 가세가 기울게 되자, 고조부님의 슬하에 아들 두 분이 있었는데, 장남인 필자의 증조부님께서 동생에게 집안일을 맡기고 다른 마을로 머슴살이를 나가게 되었다고 한다.

증조부님은 그렇게 해서 가족들을 부양하셨고, 세월이 흘러 어느 정도 집안이 안정이 되자 결혼을 하여 필자의 조부님을 낳았는데, 그 때가 30대 중반이었고 한다. 그런데 증조부님께서는 아들이 돌을 갓 지날 무렵 갑자기 돌아가시게 되었고, 그렇게 되자 증조모님께서는 어쩔 수 없이 어린 아들을 남겨놓고 근동으로 재가를 하셨다. 그래서 조부님께서는 어머니의 정을 모른 채 할머니와 작은 아버지 밑에서 자라게 되었고, 결혼을 하여 분가를 하게 되었으나, 부모로부터 물려받은 농토가 없었던 터라 어렵사리 소작을 해야만 했고, 필자의 아버님은 그 2남 3녀의 장남으로 태어 나셨다. 필자의 조부님은 비록 부모의 정을 모르고 자랐고, 가난하였지만 결코 한 눈을 팔지 않으셨다. 글을 정식으로 배운 적도 없었지만, 소작에 남의 집안일을 하면서도 혼자서 한글을 깨우쳤고, 밤으로는 동네 사랑방에서 춘향전, 수호지 등의 소설을 섭렵하여 그 내용을 줄줄 외울 정도였다. 그 당시 동네 사랑방이라고 하는 것은 낮일을 마친 동네 젊은이들이 모여서 장기를 두거나 한담을 하는 정도였을 것인데, 그런 분위기 속에서 고전을 외울 정도로 통독을 하였다는 사실에 대해 필자는 지금까지도 그저 경이로울 뿐이다. 그렇듯 조부님은 결코 어느 한 곳에도 한눈을 파는 일이 없었다. 필자가 어렸을 적에 조부님께서는 간혹 새끼를 꼬시다 말고 갑자기 큰 소리로 자식들이나 손자들의 이름을 부르곤 하셨다. 지금 생각해보면 자식들이 화두가 되어 때로는 무의식 중에 입 밖으로 터져 나왔던 것이 아닌가 생각된다. 필자도 갑자기 조부님께서 큰 소리로 부르셔서 "예"하고 대답을 하고 달려갔었던 기억이 있다. 그렇게 달려가면 조부님께서는 아무런 일도 없었다는 듯이 하시던 일만 계속하셨다. 이처럼 조부님께서는 오로지 농사일과 자식들과 당신의 부모님과 조상님들에 대한 일념 외에는 결코 한 눈을 팔지 않으셨다.

필자의 아버님 역시 초등학교 외에는 정식 교육을 받을 만큼의 여력이 되지 않았지만 동네 어른들을 찾아다니면서 한학을 익히셨고, 독학을 게을리 하지 않은 결과, 그 당시 군청에서 실시하는 공무원 공개채용시험에 응시하여 수석으로 합격을 하게 되었다. 근래 들어서 공무원에 대한 인기가 대단하지만, 그 당시에도 변변한 일자리가 없었던 터라 공무원이나 교사가 되는 것이 젊은이들의 로망이라고 해도 과언이 아니었던 것 같다. 그래서 필자의 부친께서는 고향 면사무소에서 근무하게 되었고, 그 당시 농촌에서 돈을 구경하기 쉽지 않았는데, 매달 봉급을 받게 되자 어려웠던 가계가 한숨을 돌리게 되었다. 곧 조부님께서 그렇게 갈망하시던 당신의 농토를 갖게 되었고, 그 이후로도 많은 농토가 늘어났다. 조부님께서는 재가를 하셨던 어머님이 돌아가시자 그 어머님을 증조부님 묘소가 있는 곳으로 모셔왔다. 조부님께서는 80세 초반까지 농사일을 하시다가 86세의 일기로 타계하셨다. 필자의 아버님께서는 서기관을 끝으로 지방 공무원을 마치셨다. 퇴직 후 얼마간 후에 자식들이 대부분 서울에서 생활하고 있던 관계로 고향을 떠나 인천으로 이사를 하셔서, 조모님을 모시고 생활하셨다. 필자도

인천에서 생활했던 관계로 결혼 초 부모님 집에서 살다가 분가를 하였다. 그 뒤로도 필자 부부가 맞벌이를 하는 바람에 아이들을 맡아 키워주시기도 하셨다.

  그러다가 조모님께서는 98세의 일기로 타계하셨고, 조부님을 모셨던 고향선영에 영면해 계시다. 그리고 부모님은 두 분만의 시간을 보내게 되었다. 지금 생각하면 몇 년 안 되는 그 시간이 두 분에게는 가장 오붓한 시간이 아니었을까하는 생각을 해본다. 물론 그 전부터 이런 저런 노인성 질환으로 병원 치료를 받아오기는 하였지만, 입원치료를 받을 만큼은 아니었다. 그런데 2000년도 초반부터 어머님께서 치매를 앓게 되었고, 아버님도 노인성 척추 질환을 앓게 되어 두 분이 함께 입원치료를 받게 되었다. 그 당시만 하더라도 노인병원이 별반 없었고, 치매 치료를 하는 전문 병원도 일반화 되어 있지 않아서 어머님은 한방병원에 입원을 하셨다. 그래서 필자의 처가 간병을 하기 위해 병원에서 함께 잠을 자게 되었는데, 치매의 영향이 었는지 아니면 자고 있는 며느리를 깨우기 미안해서였는지 어머님께서는 화장실에 가기 위해 밤중에 침대에서 내려오시다가 넘어지는 바람에 눈을 크게 다치셨고, 그래서 서울의 대학병원에서 큰 수술을 하게 되었다. 그런데 치매와 마취로 인한 후유증이 겹쳐 치매가 더욱 심해졌고, 그래서 결국 수소문 끝에 영등포에 있는 치매 전문 병원에서 입원 치료를 받게 되었다. 그 때만 해도 가족들은 치매 치료에 대한 아무런 상식조차도 없었고, 그래서 치매 치료의 가능성에 큰 기대를 하지는 않았다. 그러나 가족들의 우려와는 달리 어머님의 치매 병세는 호전이 되었다. 걸음걸이도 못하셨는데, 극히 정상으로 되돌아 왔다. 신기할 정도였다. 그러나 주치의는 치매는 결코 완치라는 것이 없고 다만 지연을 시켜줄 뿐이라는 것을 당부 해주었다. 어떻건 어머님은 다시 집으로 돌아오셨고, 아버님도 그 동안 한방병원 등을 전전하시가다 척추전문 병원에서 협착증 시술을 받아 어느 정도 치료효과는 보았다. 그러나 노인성 질환은 마찬가지로 완치라는 것이 없듯이, 그 이후로도 정도의 차이일 뿐 완전히 벗어나지는 못하셨으나 일상생활을 하시는 데는 무리가 없으셨다. 그래서 또 두 분께서는 다시 함께 생활을 하실 수 있었다. 그러다가 아버님은 위암 판정을 받게 되어 수술을 통해 완쾌되셨다. 그리고 또 얼마간 두 분이 함께하셨다. 그렇지만 시간이 지날수록 두 분의 건강은 약해져 가고 있었다. 아버님은 척추 질환의 후유증과 어지럼증 등으로, 어머님은 무릎관절과 치매 등으로 항상 병원 치료를 받아야만 하였다. 그러다가 어머님의 치매증상이 심해지게 되어 결국 아버님께서는 어머님을 가까운 요양병원에 모시기로 결정을 하게 되었다. 그래서 아버님은 집에 홀로 남게 되었고, 매일처럼 어머님의 병문안을 가시고 당신의 치료를 받는 것이 일상이 되었다. 그러던 중 어느 날 아버님은 동네 약국 계단을 오르시다가 계단 아래로 넘어지시면서 머리를 크게 다쳐 의식을 잃었고, 병원으로 옮겨져 응급치료를 받던 중 87세의 일기로 돌아가셨다. 나는 아버님을 끌어안고 꺼이꺼이 울었다. 아무리 소리쳐 통곡을 해도 눈물이 마르지 않았다. 땅이 꺼지는 것 같다더니 그런 것을 처음으로 느껴보았다. 다시는 뵐 수 없다는 그 자체가 슬픔이고 눈물이었다. 아버님을 고향으로 모시던 날 단풍은 그렇게 붉었고, 하늘은 구름 한 점 없이 맑았다. 아버님은 그렇게 노란 은행 잎 사이로 붉디붉은 낙엽을 밟고 홀연히 떠나셨다. 어머님은 현재까지도 요양병원에 계신다. 아버님 생전에 자식으로서의 도리를 다 했다면 그렇게 쉽게 울지는 않았을 것을, 지금도 다 못했던 도리와 불효에 대한 참회의 가슴앓이를 할 때마다 가슴 속 깊은 골이 강물을 이루어 흘러내린다.

지천智川 합장

군더더기:
지천 법사께서는 목동모임의 종달 선사 문하로 입문해 입문과정을 마칠 무렵 선사께서 입적入寂하심에 따라 그 뒤를 이은 법경 노사 문하에서 〈무문관〉 점검을 마치시고 현재 인천모임 법사직을 수행하고 계십니다.

21세기 효의 의미

천흠天欽 박성호 居士
신촌제1모임 法師 · 서강대 수학과 교수

 자신을 낳아주시고 사랑으로 길러주신 부모를 공경하고 섬기는 행위는 너무나 당연하고 자연스러운 일이다. 어떠한 설명이 더 필요할까? 효孝는 동서고금을 막론하고 인류의 역사와 함께 존재해 온 인류의 대본大本이며, 모든 종교철학의 근본이 되는 보편적 윤리적 가치로서 모든 종교가 한결 같이 효의 중요성에 대해 강조하고 있다.
 유교에서는 효를 최고의 핵심적 도덕규범으로 규정하고 국가로부터 가족에 이르기까지 받들어야 할 최우선의 가르침으로 삼고 있다. 공자는 〈논어〉 학이 편에서 효를 인仁을 실천하는 근본윤리로 보고 있으며, 부모가 살아 계실 때에는 예禮로서 정성을 다하여 공경하고 봉양하며 사후에는 예禮로서 경애하는 마음으로 제사를 지내며, 제사도 예禮로서 끊이지 않도록 하는 것을 효로 생각하고 있다.
 기독교에서는 〈구약성경〉에서 하느님이 모세를 통하여 이스라엘 백성들에게 주셨다는 율법인 십계명에서 효를 설명하고 있다. "너희는 부모를 공경하여라. 그리하면 너희 하느님 야훼께서 주신 땅에서 오래 살 것이다."(출애굽기 20장 12절), 이 외에도 성경의 여러 부분에서 효에 대한 자녀의 본분에 대해 구체적인 예를 들어 설명하고 있다. "주님께서는 자식들에게 아비를 공경하게 하셨고 또한 어미의 권위를 보장해 주셨다. 아비를 공경하는 것은 자기 죄를 벗는 것이며 어미를 공경하는 것은 보화를 쌓아 올리는 것이다. 너희는 네 아버지가 늙었을 때 잘 보살피고 그가 살아있는 동안 슬프게 하지 말라. 자기 아비를 저버리는 것은 하느님을 모독하는 것이고 어미를 노엽게 하는 것은 주님의 저주를 부르는 것이다."(집회서 3장 2절-16절)

불교에서도 〈부모은중경〉에서 부모님의 무한한 은혜에 대해 설하며 그 은혜에 보답할 것을 가르치고 있다. 〈불설효자경〉에서는 부모님의 은혜에 대해 설하시며 어떻게 그 은혜에 보답할 것인지 물으시고 세상의 효가 아닌 진정한 효가 무엇인지 가르침을 주신다.

이처럼 효 사상은 종교를 뛰어넘어 개인과 개인은 물론 사회와 국가를 통합하는 중요한 정신문화이다. 이런 점에서 효란 부모와 자식 간의 가족윤리일 뿐만 아니라 사회적 기본윤리이며 인류가 안정되게 존속해 올 수 있었던 인류의 근본가치라 할 수 있다. 그런데 이러한 숭고하고 아름다운 효에 대한 옛 성인들의 지속적인 가르침과 전통적 미풍양속이 전수됨에도 불구하고 우리가 살고 있는 21세기의 현실은 어떠할까?

과거에는 생각지도 못했고 결코 일어나서도 안 되는 부모와 자식 간의 반인륜적인 패륜행위와 범죄행위가 실제 가정 내에서 일어나고 있고 점차 증가하고 있는 추세이다. 또한 인구가 고령화됨에 따라 노인의 빈곤화가 가속되고 노환으로 인한 삶의 질이 떨어지며, 늙고 병든 부모의 부양문제가 개인과 가족의 문제를 넘어 사회적 문제로 대두된 지 오래다.

그러나 자세히 살펴보면 이러한 문제들은 개인은 물론 가정, 학교, 직장, 사회, 나아가 국가 간에 일어나는 모든 문제들과 서로 연결고리처럼 상호 밀접하게 연관되어 있고 상호영향을 미치고 있음을 알 수 있다. 20세기 후반 세계경제에 신자유주의(Neoliberalism)가 대두되고 시장의 규제완화로 인해 해외로부터 투기성 자본이 유입되었다. 기업들은 주주들의 배당금 지급과 투자유치를 위한 단기적인 실적마련에만 집중한 나머지 투기자본에 대비한 법적인 안전장치를 준비하지 못했다. 이로 인해 세계적 거대기업인 다국적기업들은 거대한 자본을 이용한 투기로 막대한 차익을 남기거나 다양한 방법으로 많은 이익을 남기면서 승자독식으로 더욱 부유해지고 국가 간 부의 양극화를 초래함은 물론 자국 내 부富의 양극화도 심화되었다. 21세기에 들어와 노동시장 유연화로 인해 기업의 해고가 자유로워져서 실업자, 비정규직을 대량으로 양산하기에 이름으로써 계층 간 부富의 양극화는 더욱 심화되고 소비가 줄면서 경제성장 둔화가 본격화되기 시작했다. 또한 금융시장의 규제완화로 막대한 이익에 눈이 먼 금융시장의 도덕적 해이가 나타나면서 무분별한 대출로 주택시장에 거품이 끼기 시작했고 2008년 미국의 서브프라임 모기지(Subprime Mortgage)에 의한 금융시장 거품이 터지면서 세계 금융위기는 시작되었다. 이 여파로 미국 내 경제타격은 물론 유럽 전역에 영향을 끼치면서 경제위기는 세계적으로 급속도로 퍼져나가고 있으며 현재진행형이다. 이러한 세계경제와 국내경제의 급격한 변화 속에서 우리의 전통적인 대가족 제도는 붕괴되고 핵가족화 되었으며, 1998년 외환위기와 2008년 금융위기를 거치면서 조기퇴직 및 대량해고 등으로 중산층의 붕괴와 빈곤화의 가속화, 가족해체와 노숙자 양산 등의 사회문제가 대두되었다. 갈수록 계층간 양극화는 더욱 심화되고 일자리는 줄어들어 대학을 나온 젊은이들이 취업이 힘들어지기 시작했고, 결혼과 자녀출산을 기피하게 되었으며, 일자리가 있다 해도 비정규직 등으로 계층 간 이동은 더욱 어렵게 되었다. 일찍 퇴직한 일자리 없는 노년층의 증가로 노년층의 빈곤화가 확대되고 인구 고령화에 따른 노인성 질환에 따른 건강보험과 같은 사회적 비용이 증가했다. 특히 치매나 거동이 불편한 부모 부양으로 인한 가족의 부담이 현실화되기 시작했다. 부모를 부양해야 할 자녀수는 줄고 경제적인 문제로 인해 가족 내 불화와 부양회피 등이 사회문제로 대두되자 국가는 장기요양보험, 기초노령연금 등 노인대상 직접지원을 확대하는 하는 한편 '효행장려 및 지원에 관한 법률'(2008년 시행) 같은 법적근거로 효행을 국가가 나서 권장하게 되었다. 최근에는 부모부양 자녀에게 세제해택을 확대하려는 개정안을 발의(2013년 1월) 하는 등 도덕적 규범이자 윤리적 가치인 효孝가 21세기에 들어와 법적法的 영역 안으로 들어오게 된 것이다. 미래에는 급속한 출산율 감소와 결혼기피, 맞벌이 부부의 증가 등으로 자녀가 실질적으로 가정 내에서 부모를 간병하고 부양하는 것이 거의 어려워지고 경제적으로도 그 비용을 충당하기가 부담이 커지므로, 늙고 병든 부모나 독거노인의 부양을 국가가 맡아 제도권 내에서 전적으로 책임져야 할 날이 올지도 모른다.

이러한 가운데 한 나라의 미래를 결정한다 할 만큼 중요한 백년대계의 하나인 가정교육 및 학교교육의 현실은 어떠한가. 학생들은 어린 학년부터 이미 무한경쟁에 내몰려져 있으며 가정이나 학교에서는 인성교육 보다는 입시위주의 교육이 핵심이 되었다. 이로 인해 가정 내에서 부모와 자식, 형제간 사이에 사랑과 상호존중, 효와 예의 체득, 올바른 인생관과 가치관의 형성 등 바람직한 가족관계가 제대로 이루어지지 못하고 있다.

더구나 경제문제나 이혼 등으로 가족해체에 따른 소외된 학생들의 가정교육의 부재는 더 많은 문제점을 지니고 있다. 첫 단추인 가정교육이 잘못되다 보니, 학교에서도 입시경쟁에 초점을 둔 교육과 인성교육의 부재로 학생과 스승 사이의 공경과 예절은 무시되고 교권은 추락 하였으며, 학생들 간의 집단 따돌림, 학교폭력, 학교생활에서 비롯된 스트레스에 의한 정서장애 등 다양한 문제가 야기되고 있다. 또한 대학에서 조차도 학문탐구와 인격을 도야하기 보다는 오로지 사회적 성공을 목표로 취업준비와 학점위주의 공부, 스펙 쌓기에 몰두해야 하는 현실이 되어버렸다. 이렇게 불안정하고 바람직하지 못한 가정과 학교 환경에서 청소년기와 청년기를 지내며 형성되고 굳혀진 인격과 성품이 이후 가정에서는 부모로서, 사회에서는 직장인으로, 기업인으로, 나아가 사회지도자로서의 자질과 리더십에 실제 어떻게 반영되어 어떠한 영향을 끼칠 것인지를 예측해본다면 정말 걱정이 앞선다. 멀리 앞을 예측할 필요도 없다. 현재의 우리사회를 들여다보라. 현재를 보면 미래를 알 수 있다.

결국 오늘날 개인과 가정, 사회 나아가 국가와 국가 간에 일어나는 모든 불행한 문제들은, 개인의 작은 이기심으로부터 시작해서 자국의 이익을 위해 전쟁도 불사하는 국가와 국가 간의 이해득실 관계에 이르기까지 전 인류에 만연된 물질만능주의, 무한경쟁에 따른 일등제일주의, 승자독식주의, 나아가 패권주의를 부른 인간의 탐욕과 어리석음에서 비롯되었다. 좀 더 세부적인 차원에서 보면, 개인과 가정, 사회, 국가가 각기 스스로의 영역에서 자신의 본연의 역할과 도리 및 윤리적 책임을 다하지 않았기 때문에 질서가 깨짐으로서 상호 의존관계에 있는 전 영역에 영향을 미치고 현재의 결과를 낳은 것이다.

그렇다면 해결책은 없는 것일까? 그 답은 매우 단순하지만 진리이다. 다시 본래의 자리로 돌아가면 된다. 개인, 가정, 사회, 국가 나아가 전 인류가 자신의 이름에 걸 맞는 각자의 본분과 대의명분에 맞게 그 역할을 수행하면 되는 것이다. 공자는 이것을 '이름을 바로잡는 일[정명正名]'이라고 하였다. 〈논어〉 안연 편에서, 제나라 경공이 공자께 '나라를 다스리는 도리'를 물었다. 공자는 "군군君君, 신신臣臣, 부부父父, 자자子子", 즉 "임금은 제대로 임금 구실을 하고, 신하는 제대로 신하 구실을 하며, 부모는 제대로 부모 구실을 하고, 자식은 제대로 자식 구실을 하는 것이다."라고 말씀하신다.

가정에서 부모는 부모답게, 자식은 자식답게, 학교에선 스승은 스승답게, 학생은 학생답게, 나아가 사회에서는 교육자는 교육자로서, 기업인은 기업인으로서, 국가지도자는 국가지도자로서 각자 자신의 이름에 맞는 본래의 역할과 도리를 다하고, 윤리적 책임을 질 수 있을 때, 인류의 질서가 바로서고 평화와 행복은 유지 될 수 있다. 그 중에서도 가정에서의 부모와 자식의 역할은 매우 중요하다. 부모와 자식 간의 관계는 창조질서의 시작점으로 모든 관계의 근본이 되기 때문이다. 부모가 있었기에 자식이 존재하므로 효에 앞서 부모의 올바른 역할과 책임이 우선 되어야 한다. 자식에게 무조건적인 효를 강요하기 보다는 부모 스스로가 자신들의 부모에게 먼저 효를 행하여 모범을 보여야 하고, 부부는 신뢰를 바탕으로 서로를 존중하고 사랑하여야 하며, 자식들을 사랑과 지혜로서 가르치고 부모로서의 책임을 다하여야 한다.

종교는 우리에게 어떠한 가르침을 주고 있을까? 유교에서는 가정윤리의 실천덕목을 다음과 같이 설명하고 있다. 아버지는 의롭고[부의父義], 어머니는 자애로우며[모자母慈], 자식으로서는 효성스러우며[효성孝誠], 형은 우애롭고[형우兄友], 아우는 공손히 섬김[공경恭敬]의 도리를 다하는 것이다. 또한 인간이 지켜야 할 기본적 도리인 〈삼강오륜三綱伍倫〉은 다음과 같이 가르치고 있다. 임금과 신하 사이에는 의리가 있어야 하고[군신유의君臣有義], 부모와 자식 사이에는 사랑이 있어야하며[부자유친父子有親], 부부 사이에는 서로 인격을 존중하고 자신들의 각기 다른 본분을 서로 지키는 분별함이 있어야 하고[부부유별夫婦有別], 어른과 아이 사이에는 순서가 있어야 하며[장유유서長幼有序], 친구사이에는 믿음이 있어야한다[붕우유신朋友有信]. 가정에서 학교에서 사회에서 국가에서 각자 자신들에 부여된 이름의 본분과 도리를 다하고 윤리적 책임을 다한다면 온 인류엔 질서와 평화, 인류애人類愛가 깃들 것이다.

불교에서는 부모님께 예를 다하고 공경하는 마음으로 공양하되 편안하고 즐겁게만 해드리는 것이 참된 효가 아니라고 말씀하신다. 부모가 잘못된 길로 빠지지 않게 하고 악을 행하지 못하도록 간곡히 불교의 진리로 교화해서 선을 행하게 하고 계를 받들며 마침내 불도를 이루게 하는 것이 참된 효라고 〈불설효자경〉에서 가르치신다. "세상을 보니, 효 아닌 것이 효가 되어, 능히 어버이로 하여금 악을 버리고 선을 행하게 하며, 오계伍戒(살생하지 않음, 훔치지 않음, 음란하지 않음, 속이지 않음, 술에 취하지 않음)를 받들고 삼존三尊(佛, 法, 僧)께 귀의歸依하게 하는 것이 참된 효이다."라고 말씀하신다. 부모를 공경하되 무조건 순종만 하는 것이 아니라 부모가 선을 행하고 올바른 삶을 살 수 있도록 불도의 지혜로 참된 사랑을 부모에게 베푸는 것도 부모의 은혜에 올바로 보답하는 길이며, 동시에 자식이 부모에게 베푸는 은혜이기도 하다.

인간이 따라야 할 각자의 본분에 대해서도 말씀하신다. "임금이 되어서는 나라를 보존할 것이며, 신하가 되어서는 충성스럽고, 인仁으로써 백성을 기르며, 어버이는 어버이로서 법의 모습을 밝히고, 자녀로서는 효도와 사랑을 다하고, 남편은 부인을 신뢰하고, 부인은 정결해야 한다."

　기독교에서도 인간이 지켜야할 삶 속에서의 바른 인간관계에 대해 신약성서에서 말씀하시고 계신다. "여러분은 하느님의 사랑을 받는 자녀답게 하느님을 닮으십시오. 그리스도를 본받아 여러분은 사랑의 생활을 하십시오.(에페소서 5장) 남편과 아내는 그리스도를 공경하는 정신으로 서로 복종하십시오. 아내 된 사람들은 주님께 순종하듯 자기 남편에게 순종하십시오. 남편 된 사람들은 그리스도께서 교회를 사랑하셔서 당신의 몸을 바치신 것처럼 자기 아내를 사랑하십시오. 자녀된 사람들은 부모에게 순종하십시오. 어버이들은 자녀의 마음에 상처를 입히지 말고 주님의 정신으로 교육하고 훈계하며 잘 기르십시오.(에페소서 6장) 남의 종이 된 사람들은 주인을 섬긴다고 생각하지 말고 주님을 섬기는 마음으로 기쁘게 섬기십시오. 주인된 사람들도 자기 종들에게 같은 정신으로 대해 주어야 합니다. 여러분은 종들을 협박해서는 안 됩니다. 그들에게나 여러분에게 주인이 되시는 분은 하늘에 계시며 또 그분은 모든 사람을 차별 없이 대해 주신다는 것을 알아 두십시오."

　세상이 변하고 어떠한 환경의 변화가 온다 해도 인류가 존속되는 한, 효孝의 숭고한 정신은 결코 사라지지 않는다. 세상을 이끌어가고 존속시키는 원동력은 사랑이다. 그 중에서도 부모와 자식 간의 사랑은 모든 사랑의 근본이며 시작점이기

때문이다. 효는 참된 사랑을 바탕으로 한 인륜人倫의 대본大本
이다.

천흠天欽 합장

군더더기:

천주교 신자이신 천흠 법사께서는 서강대 수학과 교수로 재직 중에 신촌제1모임의 법경法境 노사老師 문하에 입문해 수행을 하셨으며 〈무문관〉 점검을 마치시고 현재 법경 노사의 뒤를 이어 신촌제1모임의 법사직을 수행하고 계십니다.

〈제자규〉에 담긴 효 정신

천보天堡 박형상 居士
신촌제2모임 法師 · 서강대 화공생명학과 교수

자식이 부모님께 대하는 공경과 순종의 마음인 효는 동서고금을 통하여 인류에게 전해져 면면히 살아 내려오고 있는 도덕규범 중의 하나이다. 이 효는 버릴 수 없는 우리의 정신이고 문화의 한 부분이다. 그러나 이 효가 현대의 사회, 문화적 환경 속에서 시련을 겪고 있다는 것은 우리 모두가 인정하고 있으며, 그 해결을 위한 노력은 게을리 할 수 없는 문제가 되고 있다.

현재 우리가 맞고 있는 효의 위기는 충분하지 못한 어린 청소년들에 대한 '효孝' 교육의 부재가 그 원인의 일부를 제공하였다고 볼 수 있다. 이러한 상황에서 중국에서 사용되어온 청소년을 위한 생활규범을 모은 〈제자규弟子規〉의 이해와 활용은 이 문제를 해결하는데 좋은 지침을 줄 것으로 생각하여 〈제자규〉에 대한 소개를 다루고자 한다.

이 책은 중국 청나라 강희년간康熙年間의 선비 이육수李毓秀

가 지은 책으로 당시 많은 주州, 현縣에서 어린이 교육용 교본으로 활용하였으며, 체제는 총서를 포함 〈논어論語〉의 '학이편學而篇'에 담긴 내용에 근거하여 총 8장의 단락으로 나눠져 있으며, 지문 내용을 삼자일구三字一句 형식으로 하여, 양구일운兩句一韻 정률로 편찬編纂하였으며, 〈제자규〉의 원명原名은 〈훈몽문訓蒙文〉이다.

원래 〈훈몽문〉의 내용은 다섯 부분으로 나누어 기술되었는데, 가정에서의 예의, 사회생활, 생활 에티켓, 학습 등에 대한 예법과 규범 아울러 가정교육 및 생활 교육에 관하여 기술하였다. 그러다 후에 청淸나라 대학자 가존인賈存仁 선생께서 수정 개편하여 〈제자규〉로 개명하였다고 한다.

공자와 여러 성인, 선현들의 가르침을 다룬 이 〈제자규〉는 특히 인간으로서 갖추어야 할 도덕규범을 포함하고 있는 생활규범서로 청소년들에게 예절을 가르치는 책이다. 그러나 실제로는 부모들이 숙지하고 체득하여, 아이들에게 몸으로 모범을 보여주어야 하는 자녀교육지침서로 더 알려져 있다. 특히 '부모님과 함께 하면 효도하라'는 뜻의 〈제자규〉의 제2장인 '입즉효入則孝' 부분이 가정 내에서의 효를 다룬 부분이라 그 전문全文을 함께 살펴보는 것이 효를 이해하고 교육하는데 많은 도움이 되리라 생각한다. 내용 중에는 현대사회에서 적용하기 어려운 부분도 있겠으나, 그 뜻을 이해하는 데는 문제가 없으리라 생각한다. 참고로 〈제자규〉는 최근 도암 스님이 〈부모노릇 7단계〉(하늘북, 2011)라는 제목으로 번역하였는데, 위의 내용은 이 책을 참고하여 서술하였다.

천보天堡 합장

군더더기:

천주교 신자이신 천보 법사께서는 서강대 화공생명학과 교수로 재직 중에 신촌제1모임의 법경法境 노사老師 문하에 입문해 수행을 하셨으며 〈무문관〉 점검을 마치시고 현재 법경 노사의 뒤를 이어 신촌제2모임의 법사직을 수행하고 계십니다.

한편 중국에서 사업하던 절친한 친구가 중국을 알기 위해 공부를 하던 중 이 〈제자규〉란 문헌을 접하게 되었으며 그 내용이 마음에 들어 천보 법사께도 소개한 것이 인연이 되어 이 글을 쓰시게 되었다고 합니다.

효의 본질 인식과 참된 가치의 실현

천수天秀 박창환 居士
목동모임 法師 · 서울 성남고 수학교사

효란 자녀가 부모님께 경애敬愛의 감정에 토대를 두고 행하는 행위이며 유교에서는 부모에 대한 효가 도덕규범의 기초이고, 더 나아가 국가로부터 가족에 이르기까지 최우선의 가르침이란 사실에 그 독특성이 있다. 부모가 살아 있을 때 정성을 다하고, 죽은 뒤에는 경애하는 마음으로 제사를 잘 지내고, 또한 아들을 낳아 제사가 끊어지지 않도록 하는 것 전체가 효라고 생각되었다.

먼저 유교 사상의 핵심적 도덕규범인 효의 원초적·본질적인 의미를 알기 위해서 공자孔子의 효에 대한 관념을 살펴보자.

첫째, 공자는 효의 본유 관념으로서 공경심을 강조하고 있다. 봉양하는 일뿐만 아니라 공경恭敬하는 마음이 관건이라는 것이다. 웃어른에 대한 예절은 존경하는 태도라고 하였다.

둘째, 부모에게 걱정을 끼치지 말아야 한다는 것이다. 이는 〈효경孝經〉에서 "우리의 신체는 머리털에서 살갗에 이르기까지 부모에게서 받은 것이니 감히 손상하지 않는 것이 효의 기본이니라."라고 표현되어 있다.

셋째, 효는 공자로부터 이미 사후에까지 확대된 개념으로 드러난다. 즉, "살아 계실 때도 예로써 섬기고, 장례도 예로써 치르고, 제사도 예로써 모시라."고 하였다. 여기서 유교의 상·제례가 조상숭배 사상과 결합하여 효 사상의 일부를 이루고 있음을 알 수 있다.

또한 불교에서도 효는 중요한 덕목으로서 〈효자보은경孝子報恩經〉·〈효자담경孝子睒經〉 등의 책이 간행되었다.

유·불·선 삼교에 능통한 고운孤雲 최치원崔致遠(857-?)은 〈난랑비서문鸞郎碑序文〉에서 화랑정신에 대해 다음과 같이 묘사하였다.

"집에 들어가서는 효도하고 나아가서는 충성하라는 것은 공자의 말씀이다. 의식적으로 함이 없는[무위無爲] 일에 처하고, 말이 없는[불언不言] 가운데 가르침을 행하라는 것은 노자老子(B.C.570 추정-B.C.479년 추정)의 주장이다. 어떠한 죄라도 범하지 말고 모든 착한 일을 힘써 행하라는 것은 석가여래의 교지이다."

또한, 조선시대에 들어와서 정형화된 오륜 사상에는 '부자유친父子有親'이 군신·부부·장유·붕우의 인간관계에 앞서 있다. 즉, 삼강의 군신·부자·부부 관계를 발전시켜, 맹자에 이르러 실천 도덕으로 완성된 오륜 사상을 받아들이고, 효를 오륜의 제일의第一義로 삼았다는 사실이 주목된다. 퇴계退溪 이황李滉(1501-1570)은 "부모가 자녀를 사랑하는 것이 자慈이고, 자녀가 부모를 잘 받드는 것이 효이다. 효자의 도리는 천성天性에서 나오는 것으로, 모든 선善의 으뜸이 된다."고 하였다. 이것은 효자라는 도덕규범의 보편적·기본적인 성격을 강조하는 것이다.

또한 "어버이를 섬기는 정성에 인하여 그로써 하늘을 받드는 도리를 밝힌다."라고 하였다. 인간 사회에 있어서의 모든 질서의 근원은 효에서 출발하는 것이라는 뜻이다. 이것은 육신의 부모를 섬기는 것이 만물의 부모인 하늘을 섬기는 것과 구조적으로 연관되어 있음을 나타낸다.

전통 사회에서 효 윤리는 가족을 결속시키고 사회 풍속을 순화하는 데 기여했다는 긍정적 측면이 있다. 반면 효도 예절이 형식적으로 고정화·관습화되어 개인의 진취적 기상을 억압하고 사회의 합리적 개혁을 둔화시켰던 부정적 측면도 함께 고려되어야 할 것이다. 그러므로 효의 본질을 재인식하고 그 참된 가치를 실현하는 것이 요구된다.

요즈음 천만 관객을 돌파한 '7번방의 선물'의 영화 내용 속에서 6살 지능의 딸 바보인 용구의 딸 예승이가 교도소 감방 속에서 조촐한 생일잔치 중에 아빠인 용구에게 단정히 무릎을 꿇어앉으며 "저를 이 세상에 태어나게 해주셔서 감사합니다." 라고 하자 아빠인 용구가 딸에게 마찬가지 꿇어앉으면서 "예승이가 아빠 딸로 태어나 주어 고맙다."는 말을 전하는 장면에서 마음이 짠한 감동感動을 받았다. 나도 부모님으로부터 "아들로 태어나 주어 고맙다."라는 말씀을 들을 수 있을 정도로 부모님께 효도를 다했는지, 15살 때 돌아가신 아버지와 현재 치매로 투병 중인 어머니를 생각하며 자랑스러운 자식이 될 수 있도록 사회에서 이타자리利他自利와 통보불이洞布不二의 삶을 살아가야겠다고 다짐해본다.

천수天秀 합장

군더더기:

현재 사단법인 선도성찰나눔실천회 사무총장직을 수행하고 계신 천수 법사께서는 법경 노사 문하에서 〈무문관〉 점검을 마치시고 현재 목동모임 소속 법사로 활동하고 계십니다.

나는 누구인가? 효자인가, 불효자인가?

전성電惺 금주연 居士
영주모임 法師 · 양봉업

효孝의 의미는 '부모를 봉양奉養하고 마음 편히 모시는 일'입니다. 삼강행실도三綱行實圖나 효행록孝行錄 등에 나오는 옛날의 효자들은 자신의 살을 베어 부모를 살렸다고 합니다. 그런데 현대의 우리들은 어떠합니까? 그리고 수행을 한다는 우리들은 어떠합니까? 과연 오늘날의 효란 무엇입니까?

요사이 청소년 문제, 학교폭력 등의 문제가 심각합니다. 어제 저녁 뉴스를 보니 한 고교생이 23층 아파트 창문에서 뛰어내렸습니다. 왜 이런 현상이 일어납니까? 모두가 가정에서 부모와 자식간의 갈등이 사회로 확대되어 일어나는 현상이라고 생각됩니다.

수행을 하는 우리들의 입장에서 효란 무엇이며, 올바른 부모관계, 인간관계는 무엇입니까? 사실 피하고 싶고 감추고 싶은 사연이지만 수행을 하면서 겪은 솔직한 일들을 고백하면서 몇 번이나 망설이고 주저하다가 타산지석他山之石의 부끄러운 마음으로 글을 올립니다.

나는 왜 분노하는가?

나의 제일 큰 화두는 분노였다. 이론적으로는 불교식으로 본다면 나는 부처요, 성경식으로 본다면 나는 하느님의 아들이요, 유교식으로 본다면 나는 군자君子요 요순堯舜이다. 그러나 현실의 나의 모습은 중생衆生이요, 죄인罪人이요, 소인小人이며 불효자不孝子인 것이다. 주위의 사람들은 어릴 적 나의 모습은 매우 온순하다고 하였다. 사실 그러하였다. 그러나 성장하면서 사회생활을 하면서 나의 속은 부글부글 끓어오르기 시작하였다. 결혼해서는 아내에게 많은 폭력(?)을 행사하였다. 왜 이런 분노가 일어나는가? 나 스스로도 매우 궁금하였다. 도대체 무엇인가? 분노의 원인은 무엇인가? 나는 아내를 사랑하고 싶은데 왜 아내에게 분노하는가? 부부싸움을 하고는 가슴을 치며 후회하였다. 그러나 다음날 또다시 부부싸움을 하는 것이다.

나는 왜 어머니를 증오하는가?

세상에서 제일 미운 사람이 어머니였다. 어머니 하면 떠오르는 느낌은 원수怨讐였다. 왜 이렇게 느끼는가? 초중등 때는 어머니에게 순종하였지만 고등학교부터는 맞장(?)을 뜨고 욕을 하면서 반항하였다. 그러니 얼마나 불효자인가! 여기에는 어머니와 우리의 기막힌 사연이 있었다. 일제 시대 때 외할아버지는 사회적으로 높은 지위에 있었다. 그래서 매우 부유하여 어머니는 공주로 살았다. 그러나 사회적 지위상 일본군 위안부 등의 문제를 피하기 위하여 어머니는 16세에 일찍 아버지와 결혼하셨다. 시골 부잣집에 시집을 와보니 일꾼들과 시집식구들을 합해서 20여명이나 되니 시집살이가 그야말로 지옥이었다. 공주가 갑자기 식모가 되었으니 어떻게 그 환경을 헤쳐 나갈 수 있었겠는가? 더군다나 살면서 아버지의 사업실패로 살림살이가 어려워지고 거기에다가 아버지가 외도까지 하면서 경제적 문제를 어머니가 짊어지게 되자 진흙으로 손수 토담집을 짓고 개간을 하고 뜨개질을 하시면서 어머니는 여장부가 되어갔다. 아버지와의 관계에서 어머니의 분노는 극에 달하였다. 그렇게 되자 그 불똥이 우리들에게 튀게 되었다. 어린 우리들에게 친척들(삼촌과 고모 등)과 아버지의 욕을 하기 시작하였다. 하루 이틀도 아니고 고등학교 때까지 20여년간 앉으나 서나 어머니의 한 맺힌 그 이야기를 들으면서 어떤 때는 폭력을 당하면서 자랐으니 어머니가 밉고 원수로 밖에 느낄 수 없었다. 그렇다고 어머니가 나쁜 사람은 절대로 아니다. 수행을 모르는 그저 한 사람의 평범한 사람이다. 가끔씩 부부 싸움을 한 직후에 치밀어 오르는 분노를 옆에 있는 자식들에게 자신도 모르게 분풀이한 것뿐이다. 오히려 지금 생각하면 아주 뛰어난 여장부이며 여걸이셨다.

신앙생활과 수행을 하면서

3,000배 절을 수 없이 하였고, 10여일 단식을 수없이 하였다. 신앙생활과 수행을 하면서 세월을 보내던 중 어느 날 꿈을 꾸었다. 여인을 향해 총을 난사하였다. 속이 얼마나 시원하고 통쾌한지! 그런데 이 꿈에 대해 꿈 분석가와 상담을 해보니 어떤 여자를 죽이고 싶을 정도로 미워한다는 것이다. 그 여자가 누구인지 찾아보고 문제를 해결하라는 참나가 보내는 무의식의 상징이라는 것이다. 알고 보니 그 여자는 바로 나의 어머니였다. 꿈속에서조차 어머니를 총으로 죽이고 싶다는 것이다. 또 다른 꿈을 꾸었다. 쓰러져가는 초가집이 있었다. 공중에는 거미줄이 이리저리 쳐져있고 바닥에는 먼지가 한자나 쌓여있었다. 버스를 탔는데 머리카락이 헝클어진 채 버려진 어린 고아들이 빽빽하게 타고 있었다. 이 모든 꿈들은 분석심리학에 의하면 버려진 자아상, 부모로부터 버림을 받았고 부모가 밉다는 상징들이다.

어머니가 어떠하고, 환경이 어떠하든 그것은 모두 변명에 불과하다. 미성년자는 죄가 없다. 그러나 나이가 20살을 넘어 성인이 되면 모든 문제는 나의 원인이며 내 탓이다. 어머니가 그러한 것도 내 탓이요, 국회의원이 의사당에서 멱살을 잡고

싸움을 하는 것도 내 탓이요, 남북이 분단된 것도 세상이 이러한 것도 내 탓인 것이다. 내 탓……. 모두가 내 탓인 것이다. 참선을 하면서 3,000배 절을 수 없이 하면서 상처 입은 나 자신과 어머니를 위해 기도하였다. '나는 부처다, 나는 하느님의 자녀다, 나는 군자다.' '어머니, 감사합니다. 우리를 재우고 먹이고 입히고 교육시켰으니 그 은혜 감사합니다.' 그렇게 지내다 또다시 꿈을 꾸었다. 그 밉던 어머니가 모나리자처럼 예쁜 얼굴과 예쁜 머리를 하고 나타나셨다. 나는 집을 고치고 기와집을 짓기 시작하였다. 나는 드디어 무의식 속에서나마 어머니와 나 자신과 화해하였던 것이다.

삶의 변화

이러한 과정을 거친 후에 나의 일상은 많은 변화가 일어났다. 그렇게 날뛰던 분노가 잠잠해진 것이다. 그리고 진정으로 어머니를 이해할 수 있었다. 원수라고 생각하던 어머니가 은인恩人으로 생각되어졌다. 원수 즉 은인, 번뇌즉보리煩惱卽菩提, 십자가와 부활, 고통 즉 은총 등의 말이 이해가 되었다. 이제는 어머니의 한을 풀어드릴 차례였다. 시간이 나면 고향으로 달려가 어머니와 대화를 하였다. 어머니의 그 한恨이 한이 아니라 모두가 하느님의 섭리攝理이며 하느님의 은총恩寵과 사랑임을 이해하시길 기도하였다. 이러한 과정 중에 작년 연말 갑작스런 추위에 어머니가 돌아가셨다. 올 연말에는 어머니와 함께 두 사람만 여행하면서 어머니의 그 한을 몇 일간 들으면서 함께 나누며 울고 싶었는데... 얼마나 안타까운지! 다행히도 돌아가신 어머니의 얼굴모습이 천사 같았다라는 아내의 말이 얼마나 다행스러운지... 사랑이신 하느님께서 당신의 사랑하는 딸, 어머니를 천국으로 데려가신 것이다. 이제는 아침 참선시간마다 죽은 모든 영혼과 조상님들과 부모님들을 위해 기도하고 있다.

결론적으로 말한다면 효孝란 부모님의 한恨, 어머니의 한恨을 풀어주는 것이라고 생각합니다. 즉 우리는 부처이며, 하느님의 자녀이며, 효자이며 군자임을 깨닫는 것입니다. 이러한 깨달음을 얻기 위해서 우리는 수행을 하는 것입니다. 그리고 수행이란 탕진종전악지악각蕩盡從前惡知惡覺입니다. 내 속에 있는 옛날의 그 상처와 그 악지악각惡知惡覺을 탕진蕩盡하는 것입니다. 나는 하느님의 자녀, 부처, 효자, 군자임에도 불구하고 나는 죄인이다, 중생이다, 소인이나 불효자라고 생각하고 행동하는 그 악지악각을 없애는 것입니다. 우리는 이미 충분히 효자입니다.

질문 : 당신은 누구입니까?
답1 : 저는 효자입니다. (몽둥이로 10대)

답2 : 저는 불효자입니다. (몽둥이로 20대)

질문 : 당신은 도대체 누구입니까?

답 : ?

전성電惺 합장

군더더기:

천주교 신자이신 전성 법사께서는 선도회 목동모임의 법경法境 노사老師 문하에서 〈무문관〉 점검을 마치시고 현재 영주모임의 법사직을 수행하고 계십니다.

효의 근원에 대하여

건허乾墟 박선식 居士
남대문모임 法師 · 광명의학 대표

설날이 다가온다. 음력 새해가 시작되고 첫 기준을 세우는 이날 먼저 조상에게 차례를 지내고 가족친지들이 모여 정담을 나눈다. 차례는 부모와 조상들에 대한 효孝를 표현하는 행위 중 하나로 아름다운 미풍양속美風良俗이다. 산업화의 급격한 발달로 핵가족이 많아지고, 노령화 사회로 접어들면서 OECD국가 중 노인 자살률 1위라는 오명을 갖게 된 우리 나라는 가족 간의 소통과 소외의 극복을 위한 대안을 참된 효의 실천에서 찾아봐야하지 않을까 싶다.

효는 우리민족의 윤리도덕의 기본인 삼강오륜三綱伍倫 중 하나로 나라와 군주에 대한 충忠과 함께 가장 중요한 도덕적 가치로 여겨져 왔다. 유교는 인간행위의 기본이자 모든 덕의 으뜸으로 '효'의 실천을 강조하였는데, 그 근본정신은 귀한 생명을 조건 없이 나눠 주고 극진한 사랑으로 키워주셨으며, 다 성장한 이후에도 노심초사勞心焦思 자식 잘 되기를 바라시는 부모님의 은혜에 감사하는 것이다.

주변을 살펴보면, 처자식은 애지중지愛之重之하면서 부모님을 소홀히 대하는 경우가 있어 장차 그러한 모습을 보고 배운 자식이 어찌 행동할지 걱정스러운 마음이 든다. 또한 더욱 한심한 일은 죽은 조상을 위해 제사상은 요란하게 차리면서도, 살아계신 부모님을 홀대하는 모습을 어렵지 않게 보게 되어 안타깝다. 효가 외적인 의식에만 치우치기보다 그 참뜻이 충분히 살아 있어야 할 것이기에 효의 근원에 대해 한번 생각해 보기로 한다.

모든 존재들은 자신의 뿌리에 대해 근원적인 존경심과 감사의 마음을 갖게 마련이다.

이러한 존경심이 부모에 대해서는 효경孝敬의 실천이며, 모든 생명의 근원이신 분께는 흠숭欽崇을 드리는 것이다. 여기서 효경과 흠숭이 대상을 달리하는 듯이 보이나 눈에 보이는 부모에 대한 효행孝行은 보이지 않는 생명들의 근원적 부모인 창조주께 대한 흠숭의 한 표현이 될 수 있다는 점에서 효의 참된 의미를 보다 근원적으로 재조명 하게 된다.

불가에서 부처님이 중생을 보호하고 생각하는 그 마음이 부모가 자식을 사랑하는 것보다 훨씬 크다는 표현이 나오고, 또한 성경의 시편詩篇에서도 혹시 부모가 자식을 잊는다 해도 나는 너를 저버리지 않겠다는 구절이 있다. 이는 모두 창조주나 부처님의 절대적 자비심을 표현하는 최상의 비유로 부모의 자식 사랑을 든 것인데, 이에 귀의하는 데에도 눈에 보이는 인연에 대한 효를 통해 창조주께 대한 흠숭의 예를 다하는 지름길이 됨을 암시한다고도 생각되어 진다.

이처럼 효는 인간사에서는 최대의 것이지만, 보다 근원적인 신앙의 눈으로 보면 그 근본이 영적 중심성에 있음이 간파되어야 유한한 인간적인 효의 한계를 넘어 성숙한 효의 실천이 가능하리라 본다. 연로하신 부모의 뜻을 헤아리고 반포보은反哺報恩을 실천함은, 어느 시대 어느 문화에서나 공통된 가치이지만, 그 가치가 영원성에 기반을 두고 실천된다면 찬란한 동방예의지국의 이상도 실현되어질 것이다.

건허乾墟 합장

군더더기:

천주교 신자이신 건허 법사께서는 서강대 신학대학원 재직 중에 신촌제1모임의 법경法境 노사老師 문하에 입문해 수행을 하다가 법경 노사의 뒤를 이은 천흠天欽 법사 문하에서 〈무문관〉 점검을 마치시고 현재 남대문모임의 법사직을 수행하고 계십니다.

울 엄마!

초성超聲 서수일 大姉
성남모임 法師 · 성남시립합창단원

엄마!

가신지 십삼 년에 접어드는데도, 혼자 있으면 큰소리로 불러보곤 한다. 마치 곁에 계시듯, 부엌에 일하고 계신 엄마를 부르듯, 욕실에 계신 엄마를 부르듯... 그렇게 불러보고는 그 생생한 어감과 느낌에 소스라치게 놀라며, 이제는 불러도 대답이 없음을 실감하고 눈물을 펑펑 쏟는다. 시간이 많이도 흐른 것 같은데, 아직도 '엄마...'하면 무척이나 아프다.

이 글은 너무 아파서 일부러 피했던 이야기이다. 우리 자매들이 서로 말을 아끼며 가슴 깊은 곳에 묻어두고 차마 내놓지 못한 이야기이다. 이 글을 쓰는 것이 잘하는 건지 모르겠다. 아마도 우리 남매들은 많이 울 것 같다. 한없는 후회와 회한이 몰아칠 것이다. 그렇지만, 한편으로는 이제 아픔을 딛고 일어나기를 엄마는 바라고 계신다는 생각이 든다.

우리 남매들의 삶을 백팔십도 바꿔 놓은 엄마의 마지막 사랑. 우리는 아직도 엄마의 사진을 꺼내 보지 못한다. 불효가 너무도 사무쳐서 차마 엄마의 얼굴을 볼 수가 없다. 엄마는 막내를 무척이나 예뻐하셨지만, 난 그에 비해 다정함이라고는 없는 딸이었다. 우리 엄마는 평생을 잔병, 큰 병치레를 하셨고, 생활고에도 시달리셔서인지 예민하셨다. 삐지기도 잘하시고, 사소한 배려에도 크게 감동하시고, 때로는 철없는 어린아이처럼 좋아하셨다. 그렇지만, 어느 때에는 번뜩이는 지혜와 사려 깊음을 보여주곤 하셨는데, 우리는 그 보석처럼 귀한 면을 보지 못했다. 자식들은 크면 엄마에게 갖은 투정, 핀잔, 심지어 무시하는 언행言行을 하는 것을 본다. '우리 엄마가 뭘 알겠어!' 그게, 엄마이기 때문에(!), 단지 그 이유 하나로 엄마의 보석처럼 빛나는 지혜를 보지 못하고 그렇게 행동한다.

우리도 그랬었다. '에이, 엄마가 뭘 알아! 말해줘 봐야 엄마가 알겠어요?' 지금 생각하면 매사에서 엄마는 우리보다 훨씬 더 지혜로우셨다. 자녀를 훈육하는데 있어서도, 아주 사려 깊고 지혜로우셨으며 자애로우셨다.

엄마에 대해 글을 써 보려니 주마등走馬燈처럼 어려서부터 이 순간까지 수많은 엄마모습이 그리움과 함께 떠오른다. 엄마는 늘 아프셨다. 큰 병으로 죽음의 문턱에도 몇 번을 다녀오셨고, 늘 약봉지를 싸들고 다니셨다. 그래서 몰랐다. 그렇게 병이 깊어지신 줄을... 늘 아프다 하시니까 늘 그러시려니 하며 살피지를 않았다. 그저 예민하고 신경질적이신 게 싫었다.

눈 오는 추운 겨울날, 엄마랑 두어 시간 가량 전철을 타고 갔던 병원에서 직장암 말기라는 판정을 받았다. 우리는 수많은 암에 관한 책을 찾아 읽었고, 그런 책들은 모두 상술과 연관되어 있어 신뢰가 가지 않았다. 예를 들어 '어떤 약이 면역을 키워준다.'라는 장황한 설명이 있으면 그 약을 파는 곳이 자세히 안내되어 있었고, 다시 들여다보면 그 약을 만든 회사에서 만든 책이었다. 암은 암환자임을 알게 되면서부터 고통은 더 크게 시작된다. 수많은 약, 먹어야 할 좋다는 식품들, 새로운 방사선 치료, 수술... 끊임없이 시달린다. 그리고 어차피 죽을병이라고 생각해서인지, 인권조차도 없다는 듯 출처 불명의 약과 치료술을 고액으로 팔아먹고, 병원에서는 환자답게 대우해 주지 않는다. 이런 상황에서 우리는 사과, 연근, 양배추 즙을 먹는 식이요법을 택했다. 하루 종일 아홉 잔 정도의 생즙을 먹어야 하는데, 왜 우리에게는 그 요법을 소개한 책이 타당하게 느껴졌던지... 우리가 그 책을 너무 신뢰한 것이 무척이나 어리석었다고 생각된다. 무엇이든 너무 빠져들면 사리분별이 되지 않는 법이란 것도 알게 되었다.

가장 결정적인 잘못은, 엄마의 동의 없이 식이요법을 했다는 점이다. 6개월 동안 드시기 싫어하는 그 주스들과 약을 드시게 했는데, 밥은 전혀 드시지 못하게 되었다. 하루에 그 많은 주스를 먹기에 무척 힘들어 하셨고, 밥을 먹을 수 없다는 것을 서글퍼 하셨다. 후에 생각하니 억지로 드시게 하기 위해 얼마나 많은 고통을 드렸는지...

돌아가시기 4개월 전부터는 아예 낮밤 없이 잠을 주무시지 않았는데(정말 돌아가실 때까지 잠을 한 번도 못 주무셨다.) 낮에는 큰 언니(완묵翫墨 대자)가, 밤에는 내가 지키며 수발을 들었다. 때로는 지쳐서 그냥 누워버리기도 하고, 고통스러워하시는 모습이 보기 싫어 엄마 방에 들어가기가 싫기도 했다. 우리는 우리대로 지쳐갔다.

엄마는 그렇게 고통스런 투병 중에도, 늘 관세음보살을 염하곤 하셨다. 어려서부터 기도하시는 모습을 봐왔고, 절에 가족나들이라도 가면 엄마 혼자 법당에 들어가 불전에 예배드리곤 했는데, 한 번도 그에 부응해 엄마와 함께한 적이 없었다. '그런 건 엄마나 하는 거... 기도, 절... 엄마나 하는 거...' 그렇게 무관심으로 일관했다.

그나마 엄마를 위해 조금이나마 잘했다고 생각되는 아주 작은 일이 하나 있다. 어디서 작은 라디오를 하나 구해다 투병 중이신 엄마 방에 들여 놓았는데, 그 당시 둘째 언니(묘진描眞 대자)의 딸인 규림이가 아장아장 걸어 다닐 때였다. 하루는 놀러 온 규림이가 호기심으로 라디오를 이것저것 눌렀는데, 마침 불교방송이 나오고 있었다. 그때부터 새벽에 시작해 라디오가 끝나는 시간까지 내내 불교방송을 들으시며, 위안도 받으시고, 기도도 하시곤 했다. 함께 라디오를 듣다보니, 이제야 엄마가 믿는 불교가 어떤 종교인지 조금은 알 것 같았다. 그러면서 서점에 가면 불교서적, 스님들이 쓴 책을 사다 읽어 드렸다. 엄마는 무척 좋아하셨다.

한번은, '내가 그래도 노래를 하고 사람들을 가르쳐 주기도 하는데, 한 번도 우리 엄마랑은 노래를 한 적이 없구나.' 싶어 엄마의 기도 책에 있는 찬불가를 노래 불러드리고 가르쳐 드렸다. 그 노래는 '보현행원'이라는 찬불가였는데, 함께 부르며 기뻐하시던 엄마의 눈에 어느덧 눈물이 그렁그렁 맺혔다. '우리 엄마, 음치인줄 알았는데 노래 잘하시네. 내가 엄마 닮았구나.'하며 함께 울음 섞인 웃음을 웃던 기억이 아직도 생생하다. 엄마와 불교에 대해 마음을 나누었던 것은 참 잘한 일이었다. 그것은 엄마가 우리에게 주신 선물인 것 같다. 그 이후로 무교無敎였던 우리 남매들이 모두 불자佛子가 되고 수행도 열심히 하게 되었다.

돌아가실 즈음이 되자 하루하루가 무척 힘들게 지나갔다. 엄마는 말씀 한마디 할 수 없게 되었고, 밤낮을 그저 앉아만 계셨다. 한번은 크게 고비가 왔는데, 자정 무렵부터 가시는가 싶어 모두들 난리가 났었다. 위험을 넘겨 어느 정도 안정을 되찾고, 창밖에는 붉게 새벽동이 터오고 있었는데, 엄마가 힘없는 눈을 들어 나를 물끄러미 보시더니, 기운 없이 떨리는 손을 들어 나를 가리키시며 언니에게, '부탁...'이라고 하셨다.

우리는 돌아가시는 날까지도 엄마는 살아날 수 있다며 그 요법에 매달렸다. 엄마는 이미 당신이 돌아가실 것을 예견하시고도, 살아나시리라고 믿는 우리에게 차마 그 말씀도 못하시고, 때문에 유언도 못하셨다.

엄마의 가장 큰 자애慈愛로움을 느꼈던 것은 돌아가시기 전날이었다. 아무 말씀도 못하고 앉아만 계시던 엄마가 뭔가 신호를 보냈다. 입에 귀를 바짝 대어 드리니, '사과즙...'이라고 어렵사리 말씀을 하셨다. 우리는 '아, 엄마가 이제 적극적으로 즙을 드시려나보다.'하며 그 즉시 사과를 갈아 즙을 내어 입안에 넣어 드렸는데, 아주 고통스러워만 하시고는 끝내 삼키시지는 못했다. 그러면서도 몇 번을 드시려는 시도를 하셨다.

우리가 간병해온 6개월 동안 가장 큰 걱정은, '이렇게 드시기 싫어하는 것을 드시게 했는데, 일어나시지 못하고 가시면 그 아픔을 평생 지고 살아야 할 텐데 어쩌나...' 하는 것이었다. 엄마는 당신이 가시고 난 후 우리 마음에 남을 그 아픔을 미리 보시고, 조금이나마 덜어 주시려 했던 것이다!!

불효자일수록 가시고 난후 더 크게 슬퍼한다. 우리도 서럽게 울어댔는데, 불효에 대한 후회가 컸지만 이제는 어쩔 도리가 없었다. 평생 효도라고는 해보지도 않았건만, 마지막 6개월의 그 소중한 시간동안, 엄마의 생각을 조금만이라도 존중해 드렸더라면, 엄마와의 마지막 시간을 더 아름답게 보낼 수 있었을 텐데... 죽음의 두려움도 나누지 못하고, 고통도 나누지 못하고, 유언도 남기시지 못하고, 그렇게 외롭게 돌아가시게 하지 않았을 것을... 우리의 어리석음으로 6개월이란 시간을 허비해 버리고, 돌이킬 수 없는 후회만 남았다.

그리고 우리 남매들은 모두 마음과 삶에 큰 변화를 겪었다. '삶이란 무엇인가? 죽음은 또 무엇인가? 나는 무엇인가? ...' 끝없는 의문과 혼란 그리고 방황. 엄마가 투병 중에 전해주신 불교의 여운과 불교에서 느껴지는 엄마에 대한 향수 때문이었는지, 오빠는 출가하여 스님이 되었고, 우리 자매들은 절수행과 다라니수행 등을 하며 여러 수행을 찾기도 했다. 그러던 중 선도회 법경法境 노사님을 뵙게 된 희유稀有한 인연으로, 참선수행을 생활 속에 실천하며, 각자의 삶에서 최선을 다하고 있다. 또, 수행의 공덕으로 마음속의 어두움도 많이 털어 내고, 이웃의 아픔도 보고 함께 할 수 있는 배려심도 키워 이제는, 금생今生이 다 할 때까지 이웃과 함께 하겠다는 서원을 세워본다. 요즘에는 '엄마가 계셨으면 좋아하셨겠지.'하고 생각한다. '같이 절에도 가고, 함께 수행도 하면 얼마나 좋아하실까? 엄마와 같은 생각으로 같은 눈으로 기쁨과 즐거움을 함께 할 수 있다면... 이제는 좀 철이 들어 잘 해 드릴 것 같은데...' 어디든 함께 가자면 어린애처럼 그렇게 마냥 좋아 웃으시던 엄마 얼굴이 보이는 듯하다.

아비라테 앙상블이 음성공양을 위해 요양원의 어르신들을 찾아 뵐 때 마다, 그분들의 손을 잡으며 엄마의 손길을 느끼곤 했다. 엄마와 같은 연세의 어르신들을 뵈면, 우리 엄마로 생각하며 얼싸안기도 했다. '우리 엄마 살아계실 때 이렇게 따뜻하게 안아 드렸다면 얼마나 행복해하셨을까?'

지인知人의 죽음은 살아있는 사람들에게는 하나의 선물이라고 한다. 세상을 새롭게 보는 눈을 열어주고, 삶을 뜻있게 살 수 있는 큰 기회를 주는 것이라고 한다. 우리 어머니가 그러셨다. 생生이 다하시는 날까지도 자식들을 걱정하시고, 사랑을 주셨지만, 가신 후에는 더 큰 사랑으로 우리의 삶을 바꿔 놓으셨다. 이제는 그 큰 사랑을 이웃과 서로 나누며 매 순간 행복幸福하게 잘 사는 것이 어머니의 은덕恩德에 보답報答하는 길일 것이다.

초성超聲 합장

군더더기:

초성 법사께서는 지금은 없어졌지만 잠실모임의 법경 노사 문하로 입문해 수행을 하다가 장소 문제로 목동모임으로 합류해 역시 법경 노사 문하에서 〈무문관〉 점검을 마치시고 현재 성남모임의 법사직을 수행하고 계십니다.

잊지 못 할 어머니의 '뜨신 밥'

정계섭

전 덕성여대 불문과 교수

어머니께서는 노후에 당신 자식들 집을 차례대로 방문하시는 것으로 낙樂을 삼으셨다. 한 집에서 보통 2~3일 정도 계시다 가셨는데, 이례적異例的으로 일주일이나 머무르신 적이 있으셨다. 1975년 육군사관학교에 근무하던 당시, 남산 후암동의 누님 댁에 기거하면서 오전 8시에 시작하는 일과 때문에 태릉까지 시간에 맞춰 가려면 아주 일찍 집을 나서야 했었는데, 자주 식은 밥을 먹는 것을 눈 여겨 보시다가, 손수 '뜨신 밥'을 해 주시기 위해 그리 하셨던 것이다.

때는 12월인지라 사위四圍가 캄캄한 시절이었다. 출근 할 때마다 어머니는 어김없이 대문 밖까지 나를 배웅해 주시러 나오셨는데, '엄마~ 나 가!'라고 짧게 말하고는 뒤도 돌아보지 않고 쏜살같이 골목길을 내달려가곤 했다. 이것이 두고두고 내 가슴을 칠 줄은 전혀 생각지도 못했다.

내가 두 살 반 쯤 6.25 전쟁이 터졌고, 우리 가족도 온갖 고

생을 겪으며 충남 온양에서 부산으로 피난을 갔는데 몇 가지 일화가 아직도 기억에 생생하다. 우리가 얻어 탄 트럭이 낙동강을 건너는 배에 실렸는데, 정원의 몇 배나 되는 피난민들 틈에서 어머니는 그만 나를 떨어뜨리고 말았다. 우리 아기 죽는다고 절규하던 어머니의 목소리가 지금도 내 귀에 쟁쟁하게 울린다. 부산 피난 시절 나는 어떤 병을 앓게 되었는데, 천우신조天佑神助였던지 어느 미군 군의관의 정성스러운 돌봄 덕분에 나을 수 있었다. 나중에 들은 얘기로는 그 군의관이 나를 안고 어르고 하며 무척 귀여워 해주었는데, 어머니에게 당시로는 상당한 금액을 제시하면서 미국에 데려가 공부를 잘 시키겠으니 나를 달라고 했단다. 전쟁이 끝나고 다시 그리운 고향집에 와 보니 월남한 세 가구가 우리 집에 살고 있었다. 우리도 피난避難살이에 고생을 했던 터라 서로 이해하면서 문제없이 그들과 사이좋게 지낸 것도 생각난다.

우리 동네에는 머리가 좋기로 소문난 두 살 위의 형이 있었다. 그분 어머니는 전쟁 중에 돌아가셨는데 우리 어머니와는 남의 부러움을 살 정도로 정情이 두터웠다고 한다. 초등학교 5학년 때로 기억되는데 어머니는 그 형에게 나의 공부지도를 부탁하셨다. (사례금은 양말 단 두 켤레!) 이때 나는 산수算數와 기하幾何의 초보적인 원리를 배웠는데 공부工夫가 그렇게 즐거울 수가 없었다. 어떤 삼각형이든지간에 그 내각의 합이 180도라는 '유클리드기하학Euclidean geometry'은 나를 완전히 매료시켰으며, 헬렌 켈러Helen Adams Keller가 물이 'w-a-t-e-r'라는 이름을 갖고 있다는 것을 깨닫고 환희에 찬 것처럼! 비로소 공부에 대한 취향趣向이 생겼었다. '과외課外'라는 용어 자체가 생소했던 그 시절에 초등학교 문턱에도 가보지 못한 어머니께서 어떻게 그런 생각을 하셨는지 지금 생각해도 미스터리다. 어머니는 나를 낳아주셨을 뿐만 아니라 나의 학문 인생에도 결정적인 계기를 만들어주신 분이셨다.

뿐만 아니라 어머니는 눈이 오나 비가 오나, 춥거나 덥거나 간에 새벽 기도祈禱도 거르시는 법이 없으셨다. 중학교 2학년 때였던가, 한번은 이런 생각이 들었다. '나이 드신 어머니가 저토록 정근精勤하시는데, 내가 이렇게 나태하게 '자빠져' 잠만 자도 되는 걸까?' 이런 '기특한' 생각을 하게 만든 것은 바로 어머니의 신앙심이었다. 그래서 새벽 예배 나가실 때 나를 깨워달라고 부탁을 드렸지만 번번이 다시 잠에 떨어지곤 했다. 이렇게 얼마가 지나자 어머니도 무리라고 생각하셨던지 더 이상 나를 깨우지 않으셨는데, 나는 계속 깨워달라고 '고집固執'을 피워서 결국 어렵사리 새벽에 일어나는 습관習慣을 들였다. "일찍 일어나는 새가 벌레를 잡는다."고 했던가, 지금도 여전히 나는 새벽에 온갖 일을 처리한다.

주 안에 있는 나에게 딴 근심 있으랴.
십자가 밑에 나아가 내 짐을 풀었네.
주님을 찬송하면서 할렐루야~ 할렐루야~
내 앞길 멀고 험해도 나, 주님만 따라가리.

 몇 십 년이 지났지만 지금도 바느질을 하시면서 찬송가를 부르시는 어머니의 모습이 생각난다. 또한 안경을 끼시고 성경聖經을 읽으시는 모습이며, 아직까지 어머니처럼 열심히 성경 읽는 사람을 보지 못했다. 그래서인지 몰라도 학교 교육이 전무全無하신데도 불구하고, 문제의 원인과 결과의 논리를 명쾌하게 밝혀 주시는 덕에 이웃 분들은 어려운 일이 생길 때마다 어머니를 찾아와서 자문諮問을 구하곤 했다. 어머니로부터 나는 일찍 지식知識과 지혜智慧의 차이를 배웠다고 생각한다. 만일 활용을 잘못했다면 그건 전적으로 나의 무거운 업장業障 탓일 것이다.
 세상을 살면서 고난과 시련을 겪지 않는 사람이 어디 있겠는가. 이럴 때 나는 먼저 어머니부터 걱정하는 버릇이 있다. '엄마, 나 괜찮아! 염려하지 마세요!' 심리학자들이 쓰는 현학적衒學的 용어로 '긍정적 자기최면'이라고 하던가. 어떤 사람들은 나더러 독하다고 하는데, 이런 '비밀'을 몰라서 하는 말이다.
 미리 예감이라도 하셨던 걸일까. 하루라도 더 자식에게 그

'뜨신 밥'을 해주시고 싶으셨던 어머니는 그 후 시골로 내려가시고 일주일 만에 돌아가셨다. 태어나서 처음으로 하늘이 무너지고 땅이 꺼지는 듯한 슬픔을 맛보았다. 고향故鄕으로 가는 내내 남의 이목耳目도 아랑곳하지 않고 어린 아이처럼 엉엉 울기만 했다. 장례식을 마치고 서울에 올라 왔지만 야속하게도 세상은 여전히 잘 돌아가고 있었다. 그 당시에는 이런 사실들이 전혀 믿겨지지 않았다. 다시 이른 아침 출근하면서 대문 쪽을 뒤돌아보고, 아무리 뒤돌아봐도 더 이상 따뜻하게 배웅해 주시던 어머니는 계시지 않았다.

불효자식 올림

군더더기:

덕성여대에서 얼마 전 정년을 맞이하신 정계섭 교수님께서는 선도회 지인知人으로 선도회 관련 불어 원문 자료를 늘 흔쾌히 번역해 주고 계신 고마운 분입니다. 최근 정교수님께서 〈온몸으로 읽는 지구촌 이야기〉(본북, 2013년) 초판을 접하시고 효孝 정신이 희박한 불어권 사람들에게도 읽히면 좋겠다고 하시기에 번역해 주실 것을 적극 요청 드리면서, 아울러 재판을 찍을 때 정교수님 자신의 '효'에 관한 수기를 보내주시면 추가하겠다고 말씀드렸는데 2주도 지나기 전에 가슴 뭉클하게 하는 이 옥고玉稿를 보내주셨네요. 이 지면을 빌어 다시 한 번 깊은 감사를 드립니다.

천진난만한 9살 어린이가 그린 젊음이 넘치는 엄마 그림.

엄마 계세요

묘진描眞 서타일 大姉
목동모임 회원 · 미술학원 원장

달그락 달그락 부엌에 엄마 계세요.
조물조물 나물 무치는 소리
보글보글 찌개 끓이는 소리
토각토각 양념 다지는 소리
후루룩 쩝쩝
엄마의 정성 맛있게 먹지요.

반짝반짝 말끔한 집에 엄마 계세요.
쓱싹쓱싹 걸레질 소리
탁탁탁탁 먼지 터는 소리
칙칙칙칙 화분에 물주는 소리
사붓사붓 빨래 개키는 소리
그릇 반짝, 화초도 싱긋
온 집안이 화안해요.

살풋살풋 잠드는 내 곁에 엄마 계세요.
토닥토닥 자장가 소리
부비부비 볼 부비는 사랑의 소리
엄마 손은 약손
배 어루만지는 소리
아득한 잠결 포근히 쉬게 하네요.

이제 잠결에서만
엄마의 소리, 엄마의 체취 느낄 뿐
잠깨어 보면 엄마는 계시지 않아요.
아아~ 엄마!
그리운 엄마!

묘진描眞 합장

제3부 부모은중경

부모님으로부터 입은 '열 가지의 큰 은혜' 중 두 번째 출산할 때 고통 받으시는 은혜를 표현한 판각板刻 부모은중경도父母恩重經圖 (용주사 본)

선도회禪道會 초대 지도법사이셨던 종달宗達 이희익 선사禪師께서는 '법시사' 편집장 시절에 '동진東珍'이란 필명筆名으로 여러 문헌들을 참고하시면서 '부모은중경父母恩重經'을 알기 쉽게 재편집하시고, 이를 월간 〈법시法施〉 제46호(1971년 7월호)부터 제50호(1971년 11월호)까지 모두 다섯 차례로 나누어 한글로 제창提唱(해설이 아닌 선지禪旨의 핵심을 일깨워 주는 행위)하셨었습니다. 이제 제3부에서는 이들을 전부 모아 이해하기 쉽게 다듬고 또한 엮은이가 군데군데 이해를 돕기 위해, 또는 요긴하다고 생각되는 내용들을 '군더더기'란 형식으로 덧붙여 엮고자 합니다.

서문

이 경經은 중국 당나라 때 어느 무명승無名僧이 〈대승본생심지관경大乘本生心地觀經〉과 〈불설부모은난보경佛說父母恩難報經〉, 〈불설효자경佛說孝子經〉 등을 소재로 하여 경전의 체재로 서술한 것이라고 합니다.

예로부터 불가佛家에서는 물론, 일반에서도 이 경을 불교의 성전聖典으로 매우 중요시해 왔었는데 이본異本이 여러 개 있습니다. 여기에서는 제목에서 '불설佛說'이란 두 글자를 뺐습니다. 그리고 한자 원문은 일반인들이 읽기에 번거로워 뜻을 새기는데 도움이 된다고 판단되는 한자를 제외하고는, 가능한 쓰지 않고 알기 쉽게 풀어 썼습니다.

대체로 요즈음 부모님에 대한 효성孝誠은 땅에 떨어져 찾아볼 길이 없습니다. 이를 어떻게 하면 만회해 볼 수 있을까? 하는 심정에서 서투른 해설解說을 시도해 보았습니다. 글이나 줄에 구애받지 말고 본래의 뜻을 잘 이해한 다음에, 이를 일상의 삶 속에서 적극적으로 실천해 주시기를 간절히 바랍니다.

군더더기:

사실 종달 선사께서 그 이전까지는 월간 〈법시〉를 통해 기회 있을 때마다 주로 본인의 전문분야인 '간화선看話禪'에 관해 제창해 오셨으나, 추측컨대 이 글을 쓰기로 작정하신 당시에, 아마 사회에서 크게 물의物議를 일으켰던 불효不孝 자식들이 적지 않았던 것 같습니다.

참고로 경찰청과 보건복지부가 조사한 최근 통계자료에 따르면 노인 학대 신고 건수가 2011년에 3441건으로 2008년의 2369건에 비해 45%가 늘어났다는 자료를 통해서도 알 수 있듯이 오늘날은 그 상황이 더욱 악화일로를 걷고 있기 때문에 비록 40여 년 전에 제창하셨던 글이지만 오늘날에도 효孝에 관해 성찰할 때 크게 도움을 주는 글이라 판단됩니다.

두터운 부모님의 은혜

"나, 제자 아난은 이와 같이 보고 들었습니다. 석가세존께서 옛날 중인도 마가다국의 수도였던 왕사성王舍城의 동북쪽에 위치한 영취산靈鷲山에서 훌륭한 보살菩薩들과 성문聲聞들, 출가 승인 비구比丘와 비구니比丘尼 및 재가의 남녀 제자들과 함께 계실 때의 일입니다. 때마침 이때 불법을 수호하는 우주에 살고 있는 온갖 계층의 대중들이 모두 법회에 구름처럼 모여들어, 이번에는 어떤 귀한 법문을 하실까 몹시 궁금해 하며 한마음으로 석가세존의 설법을 들으려고 잠시도 한 눈을 팔지 않고 세존의 얼굴을 우러러 보고 있었습니다."

이때 세존께서 말씀하시기를, "설법을 들으러 온 모든 착한 이들이여! 사람은 누구나 아버지의 두터운 은혜[자은慈恩]가 있고, 어머니의 자애로운 은혜[비은悲恩]가 있느니라. 그 까닭은 사람이 이 세상에 태어난 것은 전생에 지었던 행위[숙업宿業]를 원인原因으로 하고 금생의 부모님을 연緣으로 삼아 맺어졌기 때문이니라. 그래서 아버지가 아니면 나지 못하고, 어머니가 아니면 성장하지 못하느니라. 그러니까 사람은 누구나 기氣는 아버지의 피를 받고 형形은 어머니의 태胎에서 갖추게 된 것이니라."

제창

이와 같은 인연으로 자애로운 어머니[비모悲母]가 아기를 사랑스럽게 여기는 마음은 세상에 비할 바 없고, 그 은혜는 비록 아직 사람의 모습을 갖추지는 않았으나 어머니의 태속에서부터 시작됩니다. 처음 태를 받은 뒤 열 달이 지나는 사이에 자거나 깨거나 어머니께서 받는 그 고통은 이루다 말로 할 수 없습니다. 고통이 끊일 새 없기 때문에 맛있는 음식이나 고운 비단옷이 생겨도 이에 아랑곳하지 않고 한마음으로 무사히 순산順産하기만을 염원하십니다. 날이 가고 달이 차서 아기를 낳을 때가 다다르면 더욱 고통이 심해집니다. 즉 108개의 뼈마디가 모두 쑤시고 온몸에 진땀이 흐르는 그 괴로움은 견디기 어렵고, 아버지도 마치 총알이 빗발치는 전쟁터에서 겁을 내듯이 어머니와 아기가 어떻게 되는 것은 아닌지 하여 몸과 마음이 안절부절 못하고, 또한 일가 친지권속들도 모두 걱정하며 지켜봅니다. 그러다 아기가 세상 밖으로 나오면 부모님의 기쁨이란 이루다 말로 표현할 수 없습니다.

아기가 처음 울음소리를 내면 어머니도 안도하며 큰 보람을 느낍니다. 그 후 어머니의 가슴을 잠자리로 하고 어머니의 무릎을 놀이터로 삼고 어머니의 젖을 밥으로 하고 어머니의 정을 생명으로 합니다.

배가 고플 때 어머니가 입에 물었던 것도 뱉어 입에 넣어 주고, 목이 마를 때 어머니가 아니면 목을 적실 수 없습니다. 추울 때에 어머니가 입은 옷도 벗어 입혀 주고 더울 때 의복을 벗는 것도 어머니가 벗겨 주기 때문에, 어머니가 아니면 아기는 양육養育할 수도 없습니다.

아기가 유모차 밖에서 놀다가 땅에 있는 더러운 오물이 손에 묻으면 즉시 이를 입으로 핥아 깨끗하게 해줍니다. 그뿐이겠습니까! 젖을 뗄 때까지 어머니의 젖을 일백팔십 곡斛[1곡은 10말]이나 먹는다고 합니다. 사실 젖은 어머니의 뼈와 피라고 할 수 있는데 백팔십 곡은 몰라도 젖을 떼기까지 상당량을 먹었을 것만은 사실입니다.

그래서 이를 알고 나면 예로부터 부모님의 은혜가 하늘보다 더 높고 바다보다 더 깊다고 한 말이 이제는 수긍이 갈 것입니다. 그러면 부모님의 은혜를 어떻게 갚아야 하겠습니까?

가령 향나무를 다듬어서 고대광실을 지어놓고 집안을 아름답게 장식하고 산해진미山海珍味로 가득한 상을 차리고, 또한 병이 나실 때를 대비해 의약품을 준비하여 어느 하나 미흡한 데 없이 만반의 준비를 하여 용의주도하게 온갖 필요한 물품들을 다 갖추었다고 할지라도 이는 만분의 일에도 미치지 못한다고 합니다. 그러면 어떻게 해야 충분할까요? 〈대승본생심지관경〉 보은품報恩品에 "오직 일념一念으로 부모님을 따르는 마음씨[효순심孝順心]를 지니고 아주 조그마한 물건이라도 이를 정성껏 드리며 늘 부드러운 표정으로 부모님을 받들어 모시는 일이니라."라고 일깨우고 있습니다.

구체적으로 일화를 하나 들면 어느 시골에 이름 난 효자가 있었습니다. 어느 때 고을 원님이 그 동네를 지나던 길에 효자를 만나보려고 그 집 문밖에 가마를 세웠습니다. 마침 이 효자가 나무를 잔뜩 지고 들어서는데, 이 때 80세 노모가 문을 열어 주고 발 씻을 물도 대령하고 밥도 지어 놓고 아들 시중을 하느라고 부산했습니다. 이 광경을 바라보던 원님은 괘씸하기 짝이 없었습니다. 저놈이 무슨 효자냐! 가짜 효자지! 하며 곤장棍杖을 치기 시작했습니다. 이 효자는 무슨 영문인지도 모르고 통곡을 할 뿐이었습니다.

"네! 이놈! 네가 늙은 어머니를 부려 먹으면서 효자라고!" 그러자 이 효자가 고을 원님께, "제가 어머니께 '제발 어머니께서는 가만히 앉아 계세요. 제가 모두 해 드리겠습니다.'라고 말씀드렸습니다."라고 말씀드리고는, 이어서 "그런데 아무리 권해도 어머니께서는 이를 허락하시지 않습니다. 제가 강경히 만류하면 그날부터 침식寢食을 전폐全廢하십니다. 그래서 부득이 어머니께서 하시고 싶으신 대로 해 드릴 뿐이지, 제가 어머니를 부려 먹으려고 한 것은 결코 아닙니다."라고 자초지종自初至終을 솔직히 말씀드렸다고 합니다. 그러자 원님이 "듣고 보니 과연 그럼직한 사유가 있구먼!"하며 풀어주고 상금을 내렸다는 일화가 있습니다. 이가 바로 부모님께 순종順從한다는 뜻이 될 것 같습니다. 결과적으로 효순孝順, 즉 순종順從하는 것이 곧 효도孝道하는 것이라는 이야기입니다.

군더더기:

여기서 석가세존과 문답하고 있는 아난은 세존의 뛰어난 십대제자 가운데 한 분입니다. 출가 이전에는 부처님의 사촌동생이었고 출가 후에는 항상 석가세존의 옆에 있으면서 세존께서 하시는 말을 가장 많이 들었으므로 '다문제일多聞第一'이라고도 부릅니다. 선종禪宗에서 전하는 바에 의하면 세존께서 열반에 드실 때까지 깨달음을 얻지 못했다가 제1차 결집 이전에 마하가섭에 의해 깨달음을 얻고 비로소 결집에 참가하여 세존의 말씀을 생생하게 증언하였으며 이를 기록한 것이 불교경전으로 탄생하게 되었다고 합니다. 참고로 불교경전은 비록 후대에 만들어졌어도 세존께서 친히 설한 말씀임을 강조하기 위해, '나, 제자 아난은 이와 같이 보고 들었습니다.[여시아문如是我聞]'로 시작한다고 합니다.

은혜에 보답하는 길

아난阿難이 석가세존께 아뢰었습니다. "세존世尊이시여! 어떻게 하면 그 은혜恩惠에 보답報答할 수 있겠습니까? 부디 보답할 방법을 설해 주시기를 간절히 바랍니다."

세존께서 아난에게 말씀하셨습니다.
"너는 똑똑히 듣고 이를 잘 성찰하여라. 내가 너를 위하여 이해하기 쉽게 설명하리라. 부모님의 은혜는 넓은 하늘과 같이 다함이 없는데 어찌 그 은혜를 다 갚을 수가 있겠는가? 만약 효성孝誠스럽고 순종하는 착한 자식이라면 능히 부모님을 위하여 복을 짓고 경전 불사를 할 것이다. 혹은 음력 7월 15일에 우란분盂蘭盆을 지어 세존과 수행공동체에 베풀면 한량없는 과보를 얻어 부모님의 은혜에 보답할 수 있게 되느니라. 만약 또 어떤 사람이 이 경을 사경寫經하여 세상에 유포하고 이를 받아 지니며 늘 읽고 외우면 반드시 이 사람은 부모님의 은혜에 보답할 수 있게 된다는 것을 명심하여라."

"(그런데 좀더 깊이 살펴보면) 아! 부모님의 은혜를 어찌 (쉽게 다) 갚을 수 있겠는가? 부모님께서 동분서주 하시며 이웃 마을에 품팔이로 혹은 물을 긷고 혹은 부엌일을 하고 혹은 방아를

찧고 혹은 맷돌질을 하시는 등 파김치가 되도록 쉴 틈도 없이 일을 하신다. 일이 끝나 저녁에 집에 돌아오려 함에 아직 채 다다르지 못했을 때, 아기가 울부짖으며 어머니를 기다리고 있다고 생각하면서 곧장 (달음박질하여) 집으로 돌아온다. 아기는 멀리 어머니가 오시는 것을 보면, 유모차에 타고 있을 때는 머리를 흔들며 반기거나 방바닥에 있을 때는 배를 질질 끌면서 소리 지르며 기어 어머니께 향한다. 어머니는 그런 아기 때문에 발걸음을 재촉하여 몸을 굽혀 자식을 끌어안고 길게 두 손으로 흙먼지를 털어주고 아기와 입을 맞추고 앞가슴을 열고 젖을 내서 이를 먹인다. 이때 어머니는 아기를 어루만지며 기뻐하고 아기는 어머니 젖을 먹으며 좋아한다. 따라서 이러한 모자간의 은혜롭고 자애로움이 가장 친밀한 사랑이니, 이보다 더 큰 은애恩愛는 없느니라."

"두세 살이 되면 비로소 부모님의 품에서 벗어나 달음박질도 할 수 있게 된다. 그러나 아직은 아버지가 아니면 화롯불에 손을 데일지도 모르고, 어머니가 아니면 식도로 손을 상할지도 모른다. 세 살이 되면 먹던 젖을 끊고 비로소 밥을 먹기 시작한다. 그러나 역시 아직은 아버지가 아니면 독극물을 먹을지 모르고, 어머니가 아니면 병이 났을 때 약을 쓸 수도 없다. 어머니가 밖에 나가서 어떤 초대받은 식사 자리에서 맛있는 산해진미山海珍味가 차려진 상 앞에 앉아도 이를 자신이 먹지 않고 품에 싸가지고 돌아와서 아기에게 먹이는데, 이가 열 번이면 아홉 번은 된다. 그때마다 아이는 환호성을 지르며 누가 빼앗아 먹을까봐 잘 씹지도 않고 삼키곤 한다. 만약 부득이한 경우에 이를 한 번이라도 어길라치면 즉시 울음을 터트리며 아버지를 조르고 어머니께 생떼를 쓴다.

그러다 마침내 자라서 성인成人이 되면 친구들과 서로 사귀면서 머리 손질을 하기도 하고 좋은 옷을 입으며 멋을 부리려고 한다. 그런데 부모님께서는 다 성장했는데도 옷이 남루해 보이거나 헤어지면 아름답고 좋은 비단옷은 모두 자식에게 입혀 주시고, 부모님 자신들은 낡은 옷이나 헤어진 옷을 기워 입는다. 또한 자식은 분주하게 오가면서 공적으로나 사적으로 몹시 바빠 부모님을 생각할 겨를도 없는데, 부모님의 마음은 사방으로 자식을 따라다니며 창가에 머리를 기대시고 언제 들릴지도 모를 자식을 한없이 걱정하며 기다리시니라."

제창

부모님께서는 좋은 것은 언제나 아기에게 줍니다. 즉 맛있는 음식, 좋은 옷, 추운 때는 따뜻한 곳, 더운 때는 서늘한 곳에 눕히시는 등 금지옥엽金枝玉葉으로 다칠세라 병들세라 고이고이 자라기를 원하고 또한 온갖 노력을 다 기울이시며, 아기를 위하여 부모님은 어떠한 희생도 달게 받습니다.

이와 같이 광대무변한 부모님의 은혜恩惠를 우리가 말로 이렇다 저렇다 한다고 해서 제대로 알 수는 없습니다. 자기를 낳아서 길러준 부모님의 세계를 자기의 생명위에 돌이켜 볼 때 비로소 그 은혜를 제대로 알 수가 있습니다. 다시 말하면 은혜란 말로만의 문제가 아닙니다. 은혜에 대한 보답을 실천하지 않고 말로만 하는 것은 제2의 상대적 세계입니다. 그래서 은혜는 상대적이 아니라는 것을 알 수가 있습니다.

우리는 대체로 부모님의 은혜를 상대적으로 보고 있습니다. 즉 부모님이 양복도 사주고 학비도 마련해 주니까, 그래서 부모님의 은혜에 보답해야겠다고 하는 마음은 상대적입니다. 부모님의 은혜는 절대적이 되지 않으면 아니 됩니다. 가난한 집의 자식들 가운데에는 더러 부모님을 원망하기도 합니다. 그러나 그는 일시적인 현상입니다. 아무리 가난한 부모님이라도 돌아가시면 슬피 통곡하지 않는 자식은 없습니다. 여기에는 결코 상대적 감정이 없기 때문입니다.

동東으로 가라면 서西로 가는 불효자가 있었습니다. 무슨 일에든지 반대로 빗나가는 버릇이 있었기 때문에 아버지가 죽을 때 내가 죽거든 강가에 묻어 달라고 했습니다. 늘 반대로만 행동하는 자식이니 산에 묻어 주리라고 생각했기 때문입니다. 그런데 아버지가 죽은 뒤에 후회가 막심했습니다. 생전에 어떤 말씀이든 엇나가기만 했으니 돌아가신 뒤에 한 번쯤은 시키는 대로 해드려야겠다는 생각이 들어 강가에 묻었습니다. 어느 해 장마에 강물이 넘쳐 아버지의 묘가 떠내려갈 지경이 되었습니다. 이거 큰일 났다고 부랴부랴 묘를 산에 이장했다는 웃지 못할 이야기가 있습니다. 엇나가고 빗나간 불효자식도 결국은 효성孝性을 지니고 있으며, 사실 이가 절대적인 은혜인 것입니다.

나아달라고 원해서 낳은 자식이 아닐 진데 먹여주고 입혀주고 교육시킬 의무가 있다고 주장하는 젊은이들이 더러 있을지도 모르겠습니다. 또한 자식이 없어 명산대천을 두루 다니시면서 간절히 불공을 드려 얻은 자식도 있는 반면에, 경우에 따라서는 부모님이 자식을 낳으려고 해서 낳은 것은 아니지만, 그러나 어떤 경우이든 자식이 세상에 일단 태어나면 죽을 때까지 그 자식을 염려하지 않는 부모님은 없을 것입니다.

어떤 노파가 두 아들을 두었는데 한 아들은 우산 장사를 하고 또 다른 아들은 짚신 장사를 했다고 합니다. 해가 쨍쨍하게 나면 우산 장사를 하는 아들의 우산이 팔리지 않을 것을 걱정하고, 비가 오면 짚신 장사를 하는 아들의 짚신이 팔리지 않을 것을 걱정했다고 합니다. 그러니까 비가 내려도 걱정, 해가 나도 걱정, 이것이 자식 모두를 사랑하는 부모님의 심정입니다! 그래서 예로부터 "부모님이 자식을 생각하는 만분의 일만큼이라도 자식이 부모님을 생각한다면 효자이다."라고 일러왔습니다.

또한 〈대승본생심지관경〉에는 이런 일화도 있습니다. 한 어머니가 멀리 타국을 여행할 때 자기가 낳은 갓난아기를 업고 강을 건너는데 도중에 강물이 점점 불어 진퇴양난이 되었습니다. 이때 아기를 버리고 자기만이라면 살 수 있었으나 귀여운 아기를 그리할 수도 없는 일이어서 모자가 함께 물에 빠져 죽었다는 것입니다. 그리고 마침내 이 어머니는 이러한 자심선근慈心善根의 공덕으로 눈에 보이는 세계로서는 제일 고상한 색구경천色究竟天에 상생上生하여 대범왕大梵王이 되었다는 이야기로 끝을 맺고 있습니다.

군더더기:

〈동몽선습童蒙先習〉에도 다음과 같이 유사한 표현이 있습니다. '효이애자孝以愛子 추기서인推己恕人', 즉 자기 자식을 사랑하는 지극한 마음으로 부모님께 효도하고 자기 자신의 처지와 마음을 미루어 가능한 너그럽게 남을 용서하라는 것입니다. 사실 부모님께 제대로 효도하는 사람만이 불교의 자비심慈悲心이나 '너희들 가운데 죄 없는 자는 이 여인에게 돌을 던져라!'라는 성경의 가르침과 일맥상통하는 '추기서인推己恕人'의 실천도 가능할 것입니다.

부부의 마음가짐은 '화합'

"사방으로 두루 며느리를 구하여 정성을 쏟아 결혼을 시켜 놓았는데, 부모님을 멀리한다. 아들은 자기 방에서 아내와 함께 둘이서만 소근 거리며 즐거워한다. 부모님이 나이가 드셔서 노쇠老衰해지시면 사실 의지할 곳은 다만 아들과 며느리 밖에는 없다. 그런데 두 부부가 모두 아침부터 저녁까지 한 번도 찾아뵙지 않는 경우가 적지 않다. 아버지가 어머니보다 먼저 돌아가시거나 혹은 어머니가 아버지보다 먼저 돌아가시든지, 어느 쪽이건 홀로 되시어 빈방을 지키고 계시는 것이 마치 외로운 나그네가 객지에 머무르는 것처럼 늘 다정스런 은애恩愛의 정情도 없다. 또한 부모님께서 더위나 추위에 고통 받고 계시는지에도 전혀 관심이 없다. 뿐만 아니라 옷과 이부자리에 이가 사각거려 해가 동산에 솟을 때까지 한 잠도 이루지 못하시고 이리저리 뒤척거리시면서 혼잣말로 "아! 내가 전생에 무슨 죄가 있어서 이런 불효자식을 두었는가!" 하며 탄식을 한다. 그래서 때로는 자식을 불러 눈을 부릅뜨고 화를 내며 꾸짖어 보기도 한다. 그러나 불효 자식은 이럴 때마다 묵묵히 그저 머리를 숙이고 속으로 또 노친네가 시끄럽게 떠들어대시는구나! 하며 비웃기나 하느니라."

제창

피땀을 흘리며 부모님께서 지극 정성으로 길러 놓았건만 점점 뼈가 굵어져 성장하면서 부모님이 정성껏 기르신 일은 모두 잊어버리고 스스로 성장한 것처럼 생각합니다.

대학까지 졸업시켜 주시고 집도 마련해 주고 변변한 직장까지도 얻었습니다. 그런데 부모님의 노후를 돌봐 드릴 생각조차 하지 않습니다. 부모님은 겨우 셋방에서 호구책을 면하고 계십니다. 아들은 전화도 놓고, 대형TV, 냉장고 등 첨단 가전제품들을 갖추어놓고 남부럽지 않게 사는 경우가 적지 않습니다. 어느 겨울 부모님이 감기에 걸리셨는데 약을 살 돈이 없어서 생각다 못해 아들의 직장을 찾아가 약 살 돈 좀 달라고 하니 아들의 말이 "제가 약방입니까?" 하더라는 말을 들은 일이 있습니다. 사실 이 정도는 약과藥果입니다. 우리 사회에 며느리하고 사이가 좋지 않아 딸집이나 친척집으로 전전하는 부모님들이 얼마든지 있는 것을 우리는 자주 목격하고 있지 않습니까!

예로부터 집에 부모님이 계시면 그 집은 화기가 돌고 부모님이 안 계신 집은 찬바람이 분다고 했습니다. 그런데 요즈음은 결혼하면 부모님을 떠나 딴 살림을 차리는 것이 보통이니 딱한 노릇이 아닐 수 없습니다. 이는 시대가 시대이니 만큼 부득이한 사정이라고는 생각되나 사실 우리 모두 그 부모님이 아니면 태어나지도 못하고 교육도 받지 못했을 것이라는 것쯤은 쉽게 이해가 가련만 어떻게 된 노릇인지 그처럼 애지중지해 주던 부모님을 돌보지 않는 불효자식의 심정을 이해할 길이 없습니다.

사람들은 부모님의 은혜를 받아 출세하고 있는데 만약 남녀를 가릴 것 없이 반은反恩으로 부모님께 효순하지 않는 사람이 있다면 부모님은 그 자식을 원망하며 "나는 왜 이런 자식을 낳을까?"라는 마음을 일으키게 됩니다. 그런데 이런 마음을 일으키면 그 자식은 죽은 다음 곧바로 지옥·아귀·축생에 떨어진다고 합니다. 지옥은 진瞋이고 아귀는 탐貪이고 축생은 치痴라고 했습니다. 이를 불교에서 삼독三毒이라고 합니다. 우리들에게는 8만4천 가지의 번뇌가 있습니다. 이 많은 번뇌 가운데 근본이 되는 것이 탐·진·치의 삼독입니다. 번뇌는 우리들의 신심身心을 번거롭게 하고 괴롭게 하는 것을 말합니다.

사람이 순경順境에 있을 때에는 '탐심貪心'이라는 번뇌를 일으킵니다. 즉 성공 가도를 달리고 있을 때 그 이상의 성공을 바라며, 그 반면에 역경逆境에 있을 때에는 '진심瞋心'이라는 번뇌를 일으킵니다. 즉 이만큼 노력함에도 그 대가가 적고 남이 인정해 주지 않는다고 분노합니다. 다음 역순逆順 어느 쪽이건 불만족스러울 때 '치심痴心'이라는 번뇌를 일으킵니다. 즉, "왜 나는 진급이 되지 않는가? 왜 좀 더 나를 인정해 주지 않는가? 왜 나는 가난하게 사는가?" 등의 번뇌를 말한다. 이와 같이 번뇌를 일으킬 때 우리는 한 걸음 한 걸음 지옥의 길을 밟고 있다고 합니다. 바꾸어 말하면 내 자신이 스스로 만족할 때의 덕德처럼 더 큰 덕은 없습니다.

그런데 불효자식이 지옥에 떨어질 때 자신만이 아니고, 자식을 잘못 기른 죄로 부모님도 함께 떨어집니다. 소위 '인타引墮'입니다. 이 말은 자식의 일념이 부모님에 대하여 효심이 없기 때문인데 이런 경우에는 일체의 여래나 금강천金剛天이나 오통선伍通仙도 구제할 수 없다고 합니다. 좀 지나친 말인 듯하나 자식이 효심을 상실했을 때, 부모님께서도 곧바로 무간지옥에 떨어지신다는 것입니다. 참고로 무간지옥은 여러 지옥 가운데서도 가장 혹독한 지옥을 말합니다. 결국 어버이의 은공을 배반하는 중생은 지옥·아귀·축생에 떨어진다는 것을 경고한 말입니다.

내 몸을 돌보지 않고 금지옥엽金枝玉葉으로 키워온 내 아들로부터 이러한 학대를 받으면 어떤 부모님이든지 모두 인연이라고 체념할 것입니다. 그렇다고 해서 부모님은 그 자식을 조금도 원망하지는 않습니다. 도리어 자식에게 어떤 불행한 일이 생기면 이를 근심 걱정해 주는 것이 부모님의 심정입니다. 세상에는 아내를 먼저 보내고 홀아비가 되거나 영감을 먼저 보내고 과부가 되기도 합니다. 그런데 이 가운데 사랑하는 자식으로부터 남에게 이야기조차 못할 비참한 취급을 받고 인생의 고독을 느끼면서, 과연 나는 왜 이다지도 불행할까? 라고 탄식하는 부모님들이 이 사회에는 얼마든지 있을 것을 생각하면 참으로 가슴 아픈 일입니다.

군더더기:

지인知人 가운데 이런 아들이 있습니다. 이 녀석은 초등학교 6학년 때까지 만화로 된 〈삼국지〉를 30번씩이나 읽어서 그런지 심지心地가 매우 깊은 애늙은이였습니다. 한 번은 사업에 바쁜 자기 아버지가 신장 투석을 하시며 병석에 누워계신 할아버지께 자주 문안 인사를 드리지 않는 것을 지켜보다가, 하루는 아버지에게, "아빠! 이다음에 아빠가 할아버지처럼 병석에 누워 계실 때 제가 병문안을 자주 안 드려도 괜찮으시겠어요?" 하고 넌지시 여쭈었다고 합니다. 그러자 크게 느낀 바 있어(진심으로 우러나와서인지는 모르겠으나) 이 아버지가 그 다음 날부터 가능한 아침마다 문안인사를 드리고 출근을 했다고 합니다. 참으로 자기 아버지를 효자로 탈바꿈시킨 매우 기특한 녀석입니다.

자식 부부가 짓는 죄

 "그런데 이와 같은 불효 자식은 불효 며느리와 합세하여 함께 불효를 함으로써 오역죄伍逆罪를 짓는 것이니라. 무슨 시급한 일이 있어서 불러 시키려고 자식을 열 번 부르면 아홉 번을 응하지 않고 겨우 한 번 대꾸할 뿐만 아니라, 도리어 노기怒氣를 띠고 꾸짖기도 하고, 비록 혼잣말이기는 하지만, 마치 부모님 들으시라는 듯이 "나는 훗날 늙어서 세상에 오래 남아 있기보다 얼른 죽어야지!"라며 중얼거리는 불효자식도 적지 않다. 이런 경우 이 말을 들은 부모님은 대체로 자식이 원수 같은 마음이 가슴에 복받쳐 오르고 눈물이 눈시울을 적셔 눈앞이 캄캄해지고 비통해 하시면서, "아! 네가 어렸을 때 내가 아니었더라면 제대로 성장하지도 못했을 것인데 지금에 와서 도리어 배은망덕背恩忘德하니, 아! 내가 너를 낳은 것이 본래 낳지 않는 것만 못하구나."하며 통곡하실 것이니라."

제창

사실 결혼한 부부의 마음가짐은 두말할 것도 없이 가정의 화합和合입니다. 그런데 이 화합이 말로는 쉬우나 실제에 있어서는 용이하지 않습니다. 물론 신혼 초부터 싸우거나 말다툼

하는 일은 없겠으나 2년이나 3년쯤 지나는 사이에 남편의 콧대가 높아지고 아내의 행동이 교만해져서 언제 두 사람이 백년해로百年偕老를 약속했던가 하는 느낌이 들게 됩니다.

원래 부부는 처음부터 버선 짝같이 꼭 맞는 법이 없습니다. 서로가 기성품이니 말입니다. 맞춤 양복도 입었을 때 기분에 드는 것과 들지 않는 것이 있는데, 하물며 기성품끼리이고 보니 길고 짧은 점은 어쩔 수 없는 일이 아니겠습니까! 여기서 서로의 노력이 요청됩니다. 노력이란 사랑[애愛]과 예의禮儀[공경恭敬]입니다. 예로부터 서로 사랑하는 부부는 일심동체라고 했습니다. 반면에 사랑이 없는 부부는 참다운 부부가 아닙니다. 그런데 이 사랑은 자연히 생기는 것이 아닙니다. 사랑은 적어도 이해를 바탕으로 생기는 것이므로 서로가 상대를 이해하도록 노력하지 않으면 안 됩니다. 그런데 사랑만으로 부부의 화합이 이루어지느냐 하면 그렇지도 않습니다. 부부유별夫婦有別이라고 했듯이 서로가 예의禮儀를 지켜야 합니다. 즉, 예의란 서로 공경恭敬하는 것입니다. 이 공경과 사랑, 사랑과 공경이 있어야 비로소 화합和合하게 됩니다. 가령 부부는 이인삼각二人三脚과도 같습니다. 사랑만으로는 이인일각二人一脚이고 공경만으로는 이인사각二人四脚이고 사랑과 공경의 이인삼각二人三脚에 의하여 비로소 참다운 부부의 화합和合이 이루어집니다. 그런데 부부가 화합하여 오역죄伍逆罪를 짓는다고 했습니다. 사실 부부의 최고 이상은 화합이라고 하건만 부부 사이에만 사이가 좋으면 그만이냐 하면 그런 것이 아닙니다. 즉 부모, 형제, 자매를 무시한 부부 둘만의 화합은 자칫하면 가정의 평화를 깨뜨릴 위험성이 다분합니다. 결혼은 어디까지나 가정을 위하고 국가를 위한 화합이 아니어서는 아니 됩니다. 출가出嫁한다는 말은 남편[부夫]에게 시집[가嫁]간다는 말이지만 동시에 가가家에 가嫁한다는 말이기도 합니다. 가家는 위에서 말한 가정이지만, 이 가家도 단순한 가家가 아니고 국가란 큰 가家의 기초로서의 가家입니다.

그런데 화합을 조성하기 위해서는 인忍이 필수조건입니다. 서로가 참는 마음이 없이는 화합이 이루어지지 않습니다. 그래서 옛말에 백번 참는 가운데에 화합이 있다고 했으며 또한 화합함으로써 귀함을 삼는다고 했습니다. 세상에는 귀한 것이 여러 가지 있을 것입니다. 그런데 그중에서 화합이 제일 귀貴하다고 했습니다. 승려僧侶라는 뜻의 승僧도 본뜻은 화和입니다.

그래서 승단僧團을 화합단체라고 일컫기도 합니다. 일상생활에서 어떤 일이건 남편의 덕분, 아내의 덕분, 아니 모두가 다 부모님의 은덕恩德이라고 생각하여 참을 것은 물론 참을 것이지만 설령 참지 못할 것이라도 서로 참으며 원만한 가정을 이룩하는 것이 부모님에 대한 보은報恩의 일단이 될 것입니다.

군더더기:

여기서 오역죄는 오무간업이라고도 하며, 불교에서 말하는 다섯 가지 역적 중죄를 뜻합니다. 특히 소승에서는 오역을 부살父殺, 모살母殺, 아라한살阿羅漢殺, 파화합승破和合僧, 출불신혈出佛身血이라고 합니다. 한편 대승에서는 오역을 탑사塔寺를 파괴하고 경전과 불상을 불사르고 삼보三寶의 재물을 훔치고, 삼승법을 비방하고 성교聖敎를 경천하게 여기고, 스님 네를 욕하고 부리고, 소승의 오역죄를 저지르고, 인과의 도리를 믿지 않고 악구惡口, 사음邪淫 등의 불선업不善業을 짓는 것 등 입니다.

한편 만일 자식이 이와 같이 부모님의 은혜를 배반하고 불효하여 그 부모님으로 하여금 원망하는 마음을 일으키게 하고, 특히 그 어머니가 악담을 하면 그 자식은 즉시 인간보다 낮은 세계로 떨어지게 되는데, 떨어져서 지옥이나 아귀 또는 축생으로 태어나게 된다고 합니다. 그런데 세간에 빠른 것이 맹렬한 바람보다 더한 것이 없으나, 원망하는 생각은 그보다 더 빨라서, 모든 부처님들[제불諸佛]과 금강신과 천신들 및 다섯 가지 신통력을 갖춘 신선이라도 결코 그를 구제할 수 없습니다.

물론 그럼에도 불구하고 세존께서는 부모를 배은망덕한 불효자를 일깨우기 위한 방편도 다음과 같이 제시하고 계십니다. 자식들에게 버림받은, 한 노인께 다음과 같은 '고마운 지팡이'란 시를 지어드리면서 마을 한 가운데에서 읊게 하셨는데, 그러자 자식들이 곧바로 참회하고 아버지를 잘 봉양했다고 합니다.

고마운 지팡이

내가 애지중지 키운 자식들은 나에게서 무언가를 받을 때는

'아버님', '아버님'이라고 부르며 존대했네.

하지만 그들은 자식들이 아니었네.

사실은 인간의 모습을 한 마귀였네.

지금은 나를 도둑강아지 취급하며 쫓아버리네.

지금, 나의 이 지팡이는 자식들보다 소중하네.

왜냐하면 사나운 개가 달려들어도 쫓을 수 있기 때문이네.

부모님의 헌신적인 열 가지 마음자세

사실 부모님의 은혜는 무겁기가 하늘의 극에 다다름과 같습니다. 그래서 〈불설대보부모은중경〉에서 석가세존께서는 다음과 같이 말씀하십니다.

"재가在家의 착한 이들이여! 부모님의 은혜를 다시 구체적으로 나누어 설하면 부모님으로부터 입은 '열 가지의 큰 은혜[십중대은十重大恩]'가 있는데, 이를 게송으로 노래하면 다음과 같느니라."

첫 번째는 '회탐수호은懷耽守護恩',
즉 이 몸을 잉태하여 지키고 보호해 주신 은혜이니라.

여러 겁의 깊은 인연으로 금생에
어머니의 몸에 의탁하였네.
여러 달이 지나 오장이 생기고
세밀한 감각기관도 생겨났네.
몸은 산처럼 무거워져 몸가짐은
바람으로 인한 재난도 두려워하네.

비단옷은 도무지 걸쳐볼 엄두도 나지 않고
화장대 거울에는 먼지만 가득하네.

累劫因緣重 루겁인연중　今來託母胎 금래탁모태
月逾生伍臟 월유생오장　七七六精開 칠칠륙정개
體重如山岳 체중여산악　動止劫風災 동지겁풍재
羅衣都不掛 라의도불괘　裝鏡惹塵埃 장경야진애

두 번째는 '임산수고은臨産受苦恩',
즉 출산하실 때 고통 받으시는 은혜이니라.

임신한 지 열 달이 지나니 해산의 어려움이 다가오네.
아침마다 중병이 걸린 듯하고 날마다 정신이 나간 듯하네.
황당하고 두려운 마음 다할 수 없고
근심은 마음에 가득하네.
슬퍼하며 가까운 친지들에게 죽을까 두렵다고 말하네.

懷經十個月 회경십개월　産難欲將臨 산난욕장임
朝朝如重病 조조여중병　日日似惛沈 일일사혼침
惶怖難成記 황포난성기　愁淚滿胸襟 수루만흉금
含悲告親族 함비고친족　惟懼死來侵 유구사래침

세 번째는 '생자망우은生子忘憂恩',
즉 자식을 낳고 근심을 잊으시는 은혜이니라.

자애로운 어머니가 그대를 낳은 날에
오장이 온통 찢기는 듯 괴로웠네.
몸과 마음이 모두 기절하였으며
피는 양 한 마리를 잡는 것만큼 흘렸네.
낳은 아이 건강하다 하니 기쁨은 두 배가 되네.
즐거움이 가라앉자 슬픔이 되살아나고
산후 고통은 마음을 파고드네.

慈母生君日 자모생군일　伍臟惣開張 오장총개장
身心俱悶絕 신심구민절　血流似屠羊 혈류사도양
生已聞兒健 생이문아건　歡喜倍加常 환희배가상
喜定悲還至 희정비환지　痛苦徹心腸 통고철심장

네 번째는 '인고토감은咽苦吐甘恩',
즉 쓴 것은 어머니가 삼키시고 단 것은 뱉어 먹여 주신
은혜이니라.

부모님의 은혜는 깊고도 무거우니

늘 제때에 보살피고 어여삐 여기시네.
단 것은 뱉어 드시지 않고 쓴 것을 삼키시며
눈썹도 안 찌푸리시네.
깊이 사랑하여 참지 못하시니
그 깊은 은혜에 슬픔만 더하네.
다만 아이는 배부르게 하고 자애로운 어머니는
배고픔도 마다하지 않으시네.

父母恩深重 부모은심중　恩憐無失時 은련무실시
吐甘無稍息 토감무초식　咽苦不顰眉 인고불빈미
愛重情難忍 애중정난인　恩深復倍悲 은심부배비
但令孩子飽 단령해자포　慈母不辭飢 자모불사기

다섯 번째는 '회건취습은 廻乾就濕恩',
즉 아이는 마른 곳에 눕히고 어머니는 젖은 곳에 누우신
은혜이니라.

어머니 자신은 축축한 곳에 몸을 두시고
아이는 마른 곳에 누이시네.
두 젖으로 배고픔과 목마름을 채워 주시고
옷소매로는 찬바람을 막아 주시네.

은애롭게 보살피시느라 늘 잠 못 드시나
아기 재롱에 항상 기뻐하시네.
다만 아기가 편안하면 그만 일뿐
자애로운 어머니 자신은 편함을 바라지 않으시네.

母自身俱濕 모자신구습　將兒以就乾 장아이취건
兩乳充饑渴 양유충기갈　羅袖掩風寒 나수엄풍한
恩憐恒癈寢 은련항폐침　寵弄盡能歡 총롱진능환
但令孩兒穩 단령해아온　慈母不求安 자모불구안

여섯 번째는 '유포양육은乳哺養育恩',
즉 젖을 먹여 길러 주신 은혜이니라.

자상한 어머니를 대지에 비긴다면
엄한 아버지는 하늘이라네.
하늘이 덮어 주고 땅이 실어 주는 은혜와 같이
부모님의 마음도 그러하시네.
눈이 멀었어도 미워하지 않으시고
손발이 굽었어도 싫어하지 않으시네.
배 아파서 낳은 자식이기에 늘 아끼고 귀여워하시네.
慈母象於地 자모상어지　嚴父配於天 엄부배어천

覆載恩將等 복재은장등　父孃意亦然 부양의역연
不憎無眼目 부증무안목　不嫌手足攣 불혐수족련
誕腹親生子 탄복친생자　終日惜兼憐 종일석겸련

일곱 번째는 '세탁부정은洗濯不淨恩',
즉 자식의 더러운 것을 빨래하시고 씻겨주신 은혜이니라.

지난날의 모습 고우셨으며 자태 빼어나셨네.
눈썹은 비취빛 버들잎 같고 두 뺨은 연꽃보다 붉으셨네.
은혜가 깊어질수록 고운 모습은 여위시고
잦은 빨래로 (곱던 손은) 거칠어지셨는데
(쳐 박아둔) 손거울은 이미 녹슬었네.
오직 자식들을 위하시느라 (다 키워 혼인시킨 후에야)
자애로운 어머니께서는 (거울을 마주하고)
자기 얼굴을 꾸며보시네.

憶惜美容質 억석미용질　姿媚甚豊濃 자미심풍농
眉分翠柳色 미분취유색　兩臉奪蓮紅 양검탈연홍
恩深摧玉貌 은심최옥모　洗濯損盤龍 세탁손반룡
只爲憐男女 지위련남녀　慈母改顔容 자모개안용

여덟 번째는 '원행억념은遠行憶念恩',
즉 자식이 멀리 가면 걱정해 주신 은혜이니라.

죽어서 이별하는 것도 잊기 어렵지만
살아서 이별하는 것은 더욱 가슴 아프시네.
자식이 집 떠나 먼 곳으로 가면
어머니의 마음도 그곳에 있네.
밤낮으로 마음은 자식을 쫓아다니니
흐르는 눈물은 천 리를 가네.
원숭이가 자식을 사랑하여 우는 것처럼
온통 자식 생각에 애간장이 끊어지시네.

死別誠難忍 사별성난인　生離實亦傷 생리실역상
子出關山外 자출관산외　母憶在他鄕 모억재타향
日夜心相隨 일야심상수　流淚數千行 유루수천행
如猿泣愛子 여원읍애자　憶念斷肝腸 억념단간장

아홉 번째는 '위조악업은爲造惡業恩',
즉 자식을 위해 마음 고생하시는 은혜이니라.

부모님의 은혜는 강산보다 무거우니

깊으신 그 은혜 진실로 보답하기 어렵네.
자식의 고통도 대신 하고자 하시고
자식이 힘들면 어머니 마음도 편치 않으시네.
멀리 길 떠난다고 하면 돌아다니며
밤에 잠자리가 추울까 걱정하시네.
자식들이 잠시 괴로움을 겪어도
어머니의 마음은 오래도록 쓰리시네.

父母江山重 부모강산중　恩深報實難 은심보실난
子苦願代受 자고원대수　兒勞母不安 아로모불안
聞道遠行去 문도원행거　行遊夜臥寒 행유야와한
男女暫辛苦 남녀잠신고　長使母心酸 장사모심산

열 번째는 '구경연민은究竟憐愍恩',
즉 끝없이 사랑하고 근심하시는 은혜이니라.

부모님의 은혜는 깊고 무거우니
언제나 은애하고 어여뻐 여기시네.
앉으나 서나 멀리 있으나 가까이 있으나
항상 마음으로 함께 하시네.
늙은 어머니는 백 살이 되셔도

여든 살 먹은 자식을 항상 걱정하시네.
어머니의 이같은 사랑 언제 끝날지 알고 싶은가?
어머니 목숨 다한 후에야 비로소 멈추게 되네.

父母恩深重 부모은심중　恩憐無歇時 은련무헐시
起坐心相逐 기좌심상축　遠近意相隨 원근의상수
母年一百歲 모년일백세　常憂八十兒 상우팔십아
欲知恩愛斷 욕지은애단　命盡始分離 명진시분리

제창

어머니가 아기를 배면 열 달 동안 피와 살을 나누기 때문에 몸은 마치 중병에 걸린 것처럼 느낍니다. 아기의 몸은 이처럼 어머니의 희생 속에 성취됩니다. 이는 소위 해산解産할 때 느끼는 극심한 진통陣痛의 괴로움입니다. 즉 출산할 날이 다가오면 온몸이 쑤시고 뼈마디가 떨어져 나가는 것 같은 고통에 시달리다가 거의 넋이 나간 탈진 상태에서 해산을 합니다. 아기의 울음소리가 들릴 때에 그 귀여움이란 이루 말할 수 없습니다. 자기 아기의 귀여운 얼굴을 들여다보고 이때까지의 고통이 화롯불에 눈 녹듯이 일시에 사라져버립니다.

어머니는 맛없는 것은 드시고 아기에게는 맛있는 것을 골라 먹이려고 무척 애를 쓰십니다. 그리고 아기의 입맛에 맞도록 음식도 가지가지로 고르고 애써 요리를 합니다.

아기가 오줌과 똥을 싸서 이부자리가 젖었을 때 이를 미처 말리지 못하면 어머니가 누웠던 마른자리에 아기를 눕히고, 어머니는 오줌과 똥을 싼 젖은 자리도 마다 않고 눕습니다.

꽃다운 얼굴에 계절 따라 고운 비단옷도 갈아입고 때때로 얼굴 단장도 하셨건만 아기 낳은 뒤 몇 해가 지나니, 고운 옷은 아기에게 입히고 맛있는 음식도 아기에게 주시어 어머니 얼굴에 주름만 늘어가며 여위고 파리하여 초췌憔悴해지십니다.

하루에도 몇 번이고 오줌과 똥을 싼 기저귀를 갈아대며, 또한 몇 번이고 이를 빨래합니다. 그런데 그것을 조금도 더러워하지 않습니다. 손발에 흙투성이, 콧물, 눈물 등을 더러움도 모른 채 닦아줍니다. 우리들은 모두 한 번은 이 경우를 겪고 성장합니다. 따라서 아무리 출세를 했어도 어머니 앞에서는 고개가 저절로 수그러지지 않을 수 없습니다.

자식이 멀리 여행할 때에는 어머니는 시종 자식 일을 걱정하며 무사히 집에 돌아올 때까지 자나 깨나 근심을 놓지 않습니다.

부모님은 자식을 위하여 어떠한 죄를 지어도 상관이 없습니다. 만약 자식 때문에 부득이 하게 죄 지을 일이 생기면 대신 몸소 악업惡業을 지어 악도惡道에 떨어지는 것을 달게 여깁니다.

부모님의 목숨이 끊어지지 않는 한, 어려운 일은 모두 대신

하려 하시고, 부모님 돌아가신 뒤에도 자식의 신변身邊을 보호해 주기를 염원하십니다.

이와 같은 은덕을 어떻게 다 갚을 수가 있겠습니까! 그런데 자라서 어른이 되면 소리를 크게 지르고, 노기를 띠우고 아버지의 말에 따르지 않고 어머니의 말에 눈을 부릅뜹니다. 그리고 결혼을 시키고 나면 배은망덕하게 부모님의 은혜를 전혀 모르는 사람처럼 행동하고, 재산 다툼 등을 하면서 형제를 미워함이 마치 원수를 대하는 것과 같습니다.

반면에 처가의 친척들이 오면 반갑게 집안으로 들여서 산해진미를 대접하고 내실內室에 들게 하여 차 대접을 하면서 즐겁게 환담도 합니다. 아! 중생이 전도하여 혈육은 도리어 멀리하고 생소한 사람과 도리어 가깝게 지냅니다.

군더더기:

엮은이의 경우 특히 네 번째 게송은 음미하면 할수록 더욱 가슴 아파 옵니다. 제가 교수가 되고 방학 때 어느 날 어머니께서 저에게, "옆집에서 놀러온 또래의 아이는 무엇이든 잘 먹어 토실토실한 반면, 너는 아무리 맛있게 음식을 준비해 먹이려 해도 입이 짧아 몇 숟가락 뜨다가말곤 해서 빼짝 마른 때가 있었는데, 그 무렵 늘 안타까워했었다."라고 말씀하시며 눈시울을 붉히시던 모습을 목격한 적이 있습니다. 그러고 보면 어린 시절 참으로 불효막심한 놈이었습니다.

또한 일곱 번째 게송에는 (옛날에는 구리로 만든) '손거울'을 뜻하는 '반룡경

盤龍鏡'이라는 용어가 들어있는데, 이렇게 부르는 이유는 거울에 용이 서려 있는 형상을 조각했기 때문이라고 합니다. 또는 호랑이가 새겨져 있는 경우도 있어 손거울을 '용호경龍虎鏡'이라고도 불렀다고 합니다.

그런데 여러분! 여기서 화두를 하나 드리겠습니다. 우리가 쉽게 구할 수 있는 이 손거울로는 주름진 어머니의 얼굴을 비출 수 있겠지만, 자애로운 어머니의 마음을 비출 수 있는 '모심경母心鏡'은 어디에서 구할 수 있겠습니까?

진정한 자식의 효도

세존께서 아난에게 말씀하셨습니다.

"재가의 착한 이들이여! 부모님을 위하려 한다면 〈부모은중대승마하반야바라밀경父母恩重大乘摩訶般若波羅蜜經〉의 한 구절이나 한 게송을 받아 지니고 읽고 외워서 쓰거라. 잠깐이라도 보거나 들은 사람은 무거운 오역죄의 업보가 남김없이 영원히 다 소멸할 것이다. 또 항상 세존을 만나 법을 들으면 빨리 해탈할 것이니라."

이때 아난이 자리에서 일어나 정중하게 예를 갖추고 합장하며 세존께 아뢰어 말하기를, "세존이시여! 위와 같이 무거운 부모님의 은혜를 우리 출가한 자들은 어떻게 하여야 갚을 수 있겠습니까? 그 방법을 자세히 설하여 주시옵소서."

세존께서 말씀하시기를, "그대들 대중은 잘 들으라. 부모님께 효도와 봉양함에 있어서는 재가와 출가의 구별이 따로 없느니라. 밖에 나갔을 때 맛있는 과일을 구하면 집에 돌아와서 어버이에게 공양하라. 어버이가 이를 보고 기꺼워하며 드시기 전에 우선 삼보三寶 전에 올려 공양하면서 보리심을 계발啓發할 수 있을 것이니라.

만일 부모님께서 병환이 나시면 그 곁을 떠나지 않고 몸소

간호하여 사소한 일이라도 남에게 맡기지 말라. 때를 봐 대소변을 봐 드리고 그리고 간절히 미음죽을 권하라. 부모님은 자식의 권함에 이기지 못하여 억지로라도 미음죽을 잡수시고 자식은 부모님께서 미음죽을 잡수시는 것을 보고 비로소 안심을 한다. 또한 부모님이 잠시 잠이 들면 정신을 고요히 하여 숨소리를 듣고 잠에서 깨시면 의사에게 처방을 받아 약을 지어드려라. 낮밤으로 삼보를 공경하여 부모님의 병환이 속히 나으시도록 기원하고 늘 보은의 마음을 품어 잠시도 잊지 말라."

이때 아난이 또 묻기를 "세존이시여! 출가한 사람이 위와 같이 한다면 부모님의 은혜에 철저히 보답했다고 할 수 있겠습니까?"

세존께서 말씀하시기를, "아니다. 그로써 부모님의 은혜에 보답했다고 할 수는 없느니라. 부모님이 어리석으셔서 삼보를 받들지 않고, 어질지 못하여 매사에 소홀하고, 불의하여 남의 물건을 훔치고, 무례하여 사물에 거칠고, 불신하여 남을 속이고, 지혜롭지 못해 주색酒色에 빠지면 자식은 이를 지극 정성으로 간언諫言하여 뉘우치시도록 해야 할 것이니라. 만약 그래도 뉘우치시지 않으면 여러 가지 예를 들어, 즉 인과의 도리, 인연의 도리, 연기의 진리를 잘 설명드려 미래의 고뇌苦惱를 없애드려라. 만약 그래도 완고히 뉘우치지 않으면 울부짖고 탄식하며 침식寢食을 끊어라. 어버이가 완고할지라도 자식이 굶어죽게 되는 것이 두렵기 때문에 은애恩愛의 정에 이끌려 억지로 참고 도道에 향하리라. 만약 어버이가 뜻을 돌이켜 부처님의 오계伍戒를 실천하고 인仁이 있어서 죽이지 않고, 의義가 있어서 도적질 하지 않고, 예禮가 있어서 외도外道하지 않고, 신의信義가 있어서 속이지 않고, 지혜智慧가 있어서 술주정하지 않으면, 즉 가문 내에 부모님이 자애慈愛롭고, 자식은 효도孝道하고, 남편은 정직正直하고, 며느리는 정조貞操를 지키며 친족이 화목하고 하인이나 하녀가 충순忠順하여 육축충어六畜蟲魚에 이르기까지 널리 은택恩澤을 입어 시방十方의 제불과 천룡신중과 어진 임금과 충성스런 신하를 비롯하여 만백성에 이르기까지 경애하지 않음이 없다면 폭악한 임금도, 아첨하는 신하도, 흉악한 요부妖婦도 천사만괴千邪萬怪도 이를 어찌할 수 없으리라! 이에 부모님은 현세에 편안하게 여생을 보내시고 후세에는 좋은 곳에 태어나 부처님을 뵈옵고 법문을 듣고 끊임없이 이어지는 윤회전생의 고통으로부터 벗어나게 될 것이다. 이와 같이하여야 비로소 부모님의 은혜에 보답하는 자가 되리라."

세존께서 다시 말씀하시기를, "너희들 대중은 잘 들으라. 부모님을 위하여 심력을 다하여 모든 맛있는 음식, 아름다운 음악, 좋은 옷[묘의妙衣], 수레, 궁실 등을 공양하고 또 마련하여 부모님께 일생동안 그 유락에 싫증나도록 해드려도 만약 아직 삼보를 믿게 못한다면 아직 불효를 면치 못하리라. 왜냐하면 어진 마음[인심仁心]이 있어서 보시를 행하고 예식禮式이 있어서 몸가짐을 바르게 해 욕됨을 참고 공부하여 덕을 닦아 나아가고, 마음을 고요히 하며, 뜻을 세워 학문에 근면 하는 사람일지라도 악마가 호시탐탐 그 틈새를 엿보기 때문에 한번 중생에 빠져 미혹하게 되면 재산을 탕진하고, 마음이 방탕하여 노여움을 일으키고, 게으름이 쌓여 마음이 산란해지고, 지혜가 어두워 행실을 짐승[금수禽獸]과 같이함에 이르리라.

대중이여! 예로부터 지금에 이르기까지 이에 말미암아 몸을 망치고 가정을 파탄내고 임금을 위태롭게 하고 부모님을 욕되게 하지 않음이 없느니라. 이러함으로 출가한 승려는 독신으로 배우자가 없으니 그의 뜻을 청결하게 하여 오직 도에만 힘쓰라. 무릇 자식 된 자는 비록 출가자라고 할지라도 깊이 생각하고 두루 염려하여 효도의 경중을 따지지 아니 하니라. 무릇 이와 같은 이들만이 부모님의 은혜에 보답하는 것이니라."

군더더기:

앞에서 '효순孝順'에 대해 종달 선사께서 일화를 곁들이면서 제창하셨듯이 엮은이의 경우 돌이켜 보면 비록 형편없는 마마보이였지만, 철들 무렵인 20세 이후 '효순'하지 않은 일이 거의 없었습니다. 그런데 어머니께서 60대 후반 무렵 하루는 동창회를 다녀오시더니, "우리 친구들은 자식들이 모두 묘자리를 잡아놓았다더라."라고 하시는데 그 뜻이 너도 아들로서 신경을 써야하지 않겠냐는 말씀이셨습니다. 그러나 저는 그 당시 우리나라의 금수강산을 잘 보존해 후손에게 물려주기 위해서는 주류였던 매장에서 화장으로 장례문화를 바꾸어야한다는 확고한 견해를 세웠었기 때문에 "제가 다 알아서 할 예정이니, 어머니는 전혀 걱정하지 마세요."라고 말씀은 드리면서도 한 동안 모른 척하며 어머니의 생각이 바뀌시기를 기다렸습니다. 그러기를 10여 년이 흘렀는데, 그 무렵 경기도 장흥 일대의 묘 2,000여기가 폭우에 휩쓸려버렸다는 소식과 국내외 지도층 인사들이 잇달아 화장을 했다는 기사를 접하신 어느 날, 어머니께서 드디어 저에게, "내가 가만히 생각해 보니 우리도 화장을 하는 것이 좋겠다."라고 말씀하시기에 이때에 맞추어 저도 화장의 좋은 점에 대해 좀더 부연 설명을 해드리면서 어머니의 바뀐 견해에 맞장구를 쳐드린 일이 생각납니다. 결국 이 장례 문제도 저에게 있어서 비록 일시적으로는 '효역孝逆'이었지만 10여년이란 기다림 끝에 '효순孝順'으로 회항하게 되어 홀가분해졌던 경험이 있습니다.

경의 이름을 짓다

이때 아난은 자리에서 일어나 정중하게 예를 갖추고 합장하며 부처님께 아뢰었다.

"세존이시여! 이 경을 무엇이라 이름 지으실 것입니까? 또 어떻게 받들면 됩니까?"

세존께서 아난에게 일러 말씀하시기를, "아난이여! 이 경은 〈부모은중경父母恩重經〉이라고 이름 하여라. 만약 일체중생이 한 번 이 경을 읽으면, 즉 젖먹이 시절의 은혜에 보답함이 족하리라. 또 일심一心으로 이 경을 지니고 염송念誦하고, 남에게도 이를 염송하게 한다면 이 사람은 부모님의 은혜에 보답하는 것이니라. 일생 동안 지은 아무리 무거운 죄도 모두 소멸하여 내가 체험한 깨달음을 똑같이 얻으리라."

이때 우주에 살고 있는 각계각층의 모든 중생들이 이 경에 관한 설법을 듣고 모두 보살심菩薩心을 일으켜 땅이 진동할 정도로 감격의 눈물을 비 쏟아지듯이 흘렸으며, 앞으로 나아가서 정중하게 예를 올리며 세존의 발에 고개를 숙여 절을 하고 물러나 각자 기뻐하며 세존의 가르침을 받들어 실천하였다고 합니다.

군더더기:

대개 불제자들의 경우 이 〈부모은중경〉을 읽은 다음에 '지은知恩' 즉 부모님의 은혜를 뼈 속 깊이 새기고, 이어서 '보은報恩' 즉 이에 대한 보답報答을 실천에 옮기고자 아래의 두 진언眞言들을 간절히 염송念誦한다고 합니다.

보부모은진언報父母恩眞言

나무 사만다 못다남 옴 아아나 사바하
囊謨 三滿多 沒駄喃 唵 誐誐曩 娑嚩訶

왕생진언往生眞言

나무 사만다 못다남 옴 신데율니 사바하
囊謨 三滿多 沒駄喃 唵 秋帝律尼 婆嚩訶

참고로 한국과 중국 및 일본에서는 진언을 번역하지 않고, 원어를 음사音寫해 쓰고 있습니다. 따라서 한자말 자체에는 아무런 의미가 없으나, 진언을 반복해서 염송하면 재앙과 액운이 물러가고 공덕이 쌓이며, 또한 음音 자체에 심오한 의미가 내재해 있어 궁극적으로는 깨달음에 도달하게 된다고 믿고 있기 때문에 대체로 진언을 지혜의 정수精髓로 여겨오고 있습니다.

결어

이상으로 〈부모은중경〉의 제창을 마쳤습니다. 그런데 경전을 읽을 때 단지 경전 구절의 이해에 머물러서는 안 됩니다. 사실 이 경전을 제대로 독서讀書하기 위해서는 세 가지 방법으로 읽어야만 합니다.

첫 번째는 입[구口]으로 읽는 것이고, 두 번째는 마음[의意]으로 읽는 것이며, 세 번째는 몸[의身]으로 읽는 것입니다. 즉 '신구의身口意' 삼독三讀입니다.

따라서 입으로만 읽고 '아! 부모님께 효도해야겠다!'고만 해서는 안 됩니다. 우선 입으로 읽고, 그 다음 마음으로 읽고, 마지막은 온몸으로 읽지 않으면 안 됩니다. 특히 온몸으로 읽는다는 것은 이 경을 읽은 다음 '과연 부모님의 은혜가 이러 이러하구나!'라고 생각이 들면 이를 실제로 실천에 옮겨야 한다는 뜻입니다. 이를 실천에 옮기지 못하면 소귀에 경 읽기인 '우이송경牛耳誦經'의 조소를 면치 못할 것입니다.

한편 '욕양이친부대欲養而親不待'란 구절도 있습니다. 즉 '자식이 철이 들어 부모님께 효도를 하려고 할 때 부모님은 이미 이 세상에 계시지 않습니다.'라는 뜻입니다. 그래서 후회가 막심莫甚합니다. 그러나 아무리 후회해 봤자 무슨 소용이겠습니까! 다시 부모님이 살아올 리가 만무萬無합니다. 그러니까 부모님이 돌아가시기 전에 부디 한 가지 일이라도 효도를 해 보라는 말일 것입니다. 사실 효도를 실천하는 일이란 어렵지 않습니다. 신체발부身體髮膚, 즉 우리 몸을 부모님으로부터 받았기 때문에, 이를 훼손하지 않는 것이 효도의 출발이고, 출세하여 후세에 가문을 빛내며 이름을 남기는 것이 효도의 끝이라고 했습니다. 그런데 사실 시작과 끝이 모두 자신이 해야 할 당연한 일들로, 따로 부모님을 위해서 하는 일은 결코 아닙니다.

군더더기:

사실 엮은이가 그동안 〈부모은중경〉에 관한 여러 해설서들을 접하며 많은 점들을 배웠지만, 〈부모은중경〉을 세 가지 방법으로 읽어야 한다는 점은 종달 선사님만의 탁월한 지적이라 판단됩니다. 즉, 부모님의 은혜를 입으로 소리 내어 읽으면서 동시에 마음으로 새기며 읽어도, 이에 대한 보답을 온몸으로 실천하지 않으면 결국 그림의 떡이기 때문입니다.

또한 선사로서 기존의 틀에 얽매이지 않으시고 여러 이본異本들 가운데 요긴한 점들을 자유로이 발췌해 누구나 이해하기 쉽도록 다시 편집해 제창提唱하신 점이 돋보였다고 여겨집니다.

마무리하는 글

 이제 이 〈온몸으로 읽는 지구촌 효 이야기〉를 한 번 읽으신 분들은 '효孝'의 중요성에 관해 폭넓게 잘 이해하셨을 것입니다. 문제는 실천으로 엮은이의 경험에 비추어 볼 때 청소년 시절 바른 교육을 통해 효 정신을 가슴 깊이 새기게 하는 것이 중요하다고 여겨집니다. 그래서 먼저 중학교 시절 어머니께 드렸던 편지를 소개드리고, 그런 다음 젊은 시절 새롭게 가정을 꾸리려는 신혼부부에게 특히 요긴하다고 판단되어 제가 이십 년 간 주례를 서면서 다듬고 다듬은 주례사와 마지막으로 소외된 아버지들을 위한 시 한 수로 발문跋文을 가름하고자 합니다.

어머니께 드리는 편지

 어머니께
 어머니 오늘은 어머니날입니다. 매일 같이 우리를 돌보아 주시어 우리들이 그 은혜를 보답하는 날입니다. 어머니께서는 저를 위해 얼마나 애를 쓰고 계신지 모르겠습니다.

제가 강에 가려고 하면 물에 빠질까 못 가게 하시고, 산에 가려고 하면 떨어질까 못 가게 하시고, 어디 갔다 늦게 돌아오면 마음을 졸이고 계시다가 어디 갔다 지금 오느냐 하시며 걱정해 주셨습니다. 또 어머니의 마음은 언제나 우리들이 남들보다 지지 않게 열심히 우리들을 뒷받침해 주셨습니다.

저는 이 어머니날을 계기로 열심히 공부해서 이 세상에서 제일 훌륭한 사람, 즉 나라를 위해 아니 더 나아가 인류 공영에 이바지 하여 어머니의 마음을 기쁘게 해드리겠습니다.

어머니, 저는 어머니 앞에서의 이 결심을 제가 죽을 때까지 지켜나가겠습니다.

그럼 어머니의 건강을 빕니다.

1970. 5. 8. 불효자식 영재 올림

군더더기:

중학교 3학년 시절 어머니날(매년 5월 8일. 지금은 어버이날로 바뀜)을 기리기 위해 어머니께 쓴 이 편지는 어머니께서 고이 간직하셨다가 엮은이가 대학교에 입학했을 때 다시 전해주셨는데, 비록 이 당시 형편없는 마마보이였지만 가정과 학교에서 교육받은 효 정신을 바탕으로 소년 시절에 꿈꾸었던, 인류 공영共榮까지 포함한 미래의 전망展望이 제대로 목표를 향해 날마다 구체적으로 실천해 가고 있는가의 잣대가 되기 때문에 가끔 이 편지를 읽으며 깊은 반성과 함께 '오늘의 나'를 성찰해 오고 있습니다.

> 어머니께
>
> 어머니 오늘은 어머니날 입니다 매월 같이 우리를 돌보아 주시어 우리들이 그 은혜를 보답하는 날 입니다 어머니 께서는 저를 위해 얼마나 애를 쓰고 계시는지 모르겠습니다. 제가 강에 가려고 하면 물에 빠질까 못가게 하시고 산에 가려고 하면 떨어 질까 못가게 하시고 어디 갔다 늦게 돌아오면 마음을 졸이고 계시다가 어디 갔다 지금 오느냐 하시며 걱정해 주셨읍니다 또 어머니의 마음은 언제나 우리들이 하늘 보다 지지 않게 열심히 우리들을 뒷바침해 주셨읍니다. 저는 이 어머니 날을 계기로 열심히 공부해서 이 세상에서 제일 훌륭한 사람 즉 나라를 위해 아니 더 나아가 인류 공영에 이바지 하여 어머니의 마음을 기쁘게 해 드리겠읍니다. 어머니 저는 어머니 앞에서의 이 결심을 제가 죽을때 까지 지켜나가겠읍니다 그럼 어머니의 건강을 빕니다.
>
> 1970. 5. 8.
>
> 불효 자식 영 저 올림

효 정신을 담은 결혼식을 위하여

최근 결혼식 풍속도가 많이 달라지고 있습니다. 환경을 위한 재생지 및 콩기름 잉크 사용 청첩장, 이웃을 돕기 위한 쌀 화환으로 결혼식장 꾸미기, 공적 장소를 결혼식장으로 이용하기 등 검소하고 건전한 결혼 문화 확산을 위한 다양한 '작은 결혼식'들은 권장해야할 매우 바람직한 추세라는 생각이 듭니다.

그러나 단지 단순히 경비를 줄이는 그런 작은 결혼식뿐만이 아니라 내용에서도 신랑과 신부뿐만이 아니라 하객 분들까지도 성찰하게 해주는, 반드시 '효孝' 정신이 담긴 그런 뜻 있는 결혼식이 되어야만 합니다. 그래서 지난 20여 년간 제가 일관되게 주창해온 효정신이 담긴 주례사의 핵심 내용을 소개하면 다음과 같습니다.

"이제 인생의 선배로서 앞으로 두 사람이 인생을 살아가는데 있어서 가슴에 새겨야할 점들과 이들의 인생을 지켜보고 격려해 주실 하객 여러분들에게도 부탁드릴 점들을 종합해 크게 두 가지로 말씀드리고자 합니다.

먼저, 우리가 살고 있는 우주는 그 역사가 150억 년이 되었습니다. 만일 오늘날에 이르기까지 우주의 조건이 조금이라도 달라졌더라면 오늘 이 자리에 하객 여러분들뿐만 아니라 두 젊은이가 이렇게 있지 못했을 것입니다. 따라서 오늘의 주인공인 두 젊은이뿐만 아니라 우리 모두는 150억 년의 역사 속에 오늘 여기 존재하는 그야말로 신비롭고 소중한 존재라는 것입니다. 따라서 신랑과 신부는 어떠한 경우라도 상대방을 이 우주에 단 하나뿐인 소중한 존재라는 것을 온몸에 새기며 부부 생활을 영위해 간다면 세상 다하는 날까지 화목한 가정을 이끌어 가리라 확신합니다.

사실 서로 다른 가풍家風 속에서 성장한 두 젊은이가 결혼해 평온한 가정생활을 꾸려갈 때까지는 둘만의 변함없는 사랑뿐만 아니라 양가 어른들의 노력 또한 매우 중요합니다. 따라서 시부모님께서는 며느리를 친딸처럼, 장인, 장모님은 사위를 친아들처럼 마음속에서 우러나와 대해 주신다면, 그리고 며느리는 믿음직한 남편을 고이 길러주신 시부모님을 친부모님처럼, 사위는 역시 사랑스런 아내를 고이 길러주신 장인, 장모님을 친부모님처럼 모신다면 모든 집안대소사가 만사형통하리라 확신합니다.

둘째, 오늘날과 같은 무한 경쟁시대를 살아가는 두 젊은이들에게 꼭 해주고 싶은 이야기는 '인간다운 삶은 무엇인가?'라는 화두입니다. 우선 동양에서는 인간과 짐승을 네 가지 고마움을 알고 있는지 없는 지로 구분합니다. 여기서 네 가지 고마움은 부모님의 고마움, 이웃 분들의 고마움, 나라의 고마움, 스승님의 고마움입니다. 이 네 가지 고마움을 온몸으로 느낄 때 인간은 저절로 될 것이며 이렇게 될 때 21세기 무한 경쟁 사회를 혼자만이 아닌, 함께 더불어 슬기롭게 살아갈 수 있게 될 것입니다.

따라서 저는 앞으로 두 젊은이가 이런 점들을 가슴 깊이 새기면서 효에 관한 초심初心을 늘 유지하며 서로의 장점을 격려하고 단점을 냉철히 지적해 간다면, 자기들만 행복한 삶을 누리려는 이기적인 지식인으로서가 아니라 어려운 이웃과 따뜻한 정을 나누며 함께 더불어 지혜로운 삶을 살아가리라는 것을 확신합니다."

이것이 효 정신을 담은 제 주례사의 핵심요지입니다. 그리고 시간적으로 여유가 있는 경우를 대비해 1부 제3장 '서양의 효'에 들어 있는, 효 사상이 우정과도 연결되어 있다는 점을 일깨워주고 있는 소크라테스의 다음 명언도 준비해 놓고 있습니다. "아! 나의 자식이여! 네가 만일 부모의 고마움을 모른다면 아무도 너의 친구가 되지 않을 것이다." 사실 이 말은 무서운 말입니다. 왜냐하면 부모의 고마움을 느끼지 못하는 사람에게는 아무리 친절을 베풀어도 소용없는 일임을 알기에 아무도 친구가 되려하지 않기 때문이겠지요. 덧붙여 동서 교류의 가교 역할을 했던 마테오 리치 신부께서 지은 〈교우론〉의 첫 구절에, "나의 벗은 타인이 아니라 바로 나의 반쪽이니, 바로 두 번째의 나라고 할 수 있다. 그러므로 마땅히 벗을 자기처럼 여겨야 한다."라는 친구에 관한 글도 있습니다. 따라서 부모님께 불효하는 자들은 결코 자기의 반쪽인 진실한 친구를 얻을 수 없으니 일생을 불완전한 반쪽짜리 나로 살아갈 수밖에는 없을 것입니다.

한편 대체로 우리 모두 특별한 경우를 제외하고는 어머니 곁에 꼭 붙어 성장하기 때문에 어머니와의 유대감은 언급할 필요도 없을 것입니다. 그러나 가족의 생계를 위해 온 종일 밖에서 일하시거나 심한 경우 한동안 가족들과 멀리 떨어져 지내셔야만 하는 대부분의 아버지에 대해서는, 저도 그렇지만 적지 않은 분들의 경우 단편적인 추억들을 떠올리는 정도일 것이라는 생각이 듭니다. 그러나 비록 단편적일지라도 좀 더 깊이 떠올려 보면 누구나 가슴 뭉클하게 하는 아버지의 깊은 부정父情을 느낄 수 있을 것입니다.

저도 2013년 3월 마지막 주말에 동네 뒷산인 매봉산을 산책하다가 정자 옆에 홀로 외롭게 서 있는 등 굽은 소나무의 모습을 보는 순간 호號가 '고송孤松'인 아버님이 문득 떠오르며 눈물이 핑 돌았었고 다음날 새벽 눈을 뜨면서 떠오른 생각들을 몇 자 적어 보다가 엉터리로 시 한 수首를 짓게 되었는데 이

시로 〈온몸으로 읽는 지구촌 효 이야기〉를 마무리 하고자 합니다.

어려움이 없는 곳 [무난헌無難軒]에서

통보법경洞布法境 박영재 합장

외로운 소나무 [孤松]

산책길에 외롭게 선 등 굽은 저 소나무
가족위해 온몸 던진 아버지가 떠올라
흘러내린 눈물 닦고 가던 길 다시 갔네.

부록
〈온몸으로 읽는 지구촌 효 이야기〉를 읽고서

 이 글은 서강대학교에서 2013년 2학기 교양과목으로 개설된 '참선' 강좌를 수강한 학생들이 개강 후 12주째에 선禪 수행과 맞닿아 있는 '효孝'란 주제에 관해 가슴 깊이 새겨보기 위해 〈온몸으로 읽는 지구촌 효 이야기〉를 읽고 과제로 제출한 독후감 가운데 하나입니다.

몸과 마음을 주신 부모님께 오늘도 감사
2010년 경영학과 입학생

 〈온몸으로 읽는 지구촌 효 이야기〉는 크게 동서양의 효 이야기, 선도회 회원들의 효 수기, 〈부모은중경〉이라는 세 부분으로 나누어져 있다. 1부 지구촌 효 이야기 파트는 다시 크게 세 부분으로 나누어지는데 이는 각각 한국의 효, 동양의 효, 서양의 효이다.

먼저 제 1장 한국의 효에서는 우리 조상들이 남긴 글에서 효의 모습들을 찾고 그 의미들을 설명하는 것들로 구성되어 있다. 유명한 효자, 효녀들의 일화도 많았는데, 우리에게 널리 알려진 〈구운몽〉이라는 문학 작품이 무료한 어머니가 읽으시길 위해 쓰여진 책이라는 것을 처음 알게 되어 매우 신기했다. 특히 마음에 와 닿았던 부분은 다산 정약용 선생이 〈목민심서〉를 통해 남긴 말이었다. "양로養老의 예가 폐지되어 백성이 효도하는 법을 모르게 되니, (중략) 어르신을 우대하는 혜택을 시행한다면 백성들이 어르신을 공경하는 법을 스스로 알 것입니다."라는 말이었다. 사람들이 점차 효의 정신을 잃어가니 관리된 자로서 모범을 보이는 정책을 시행하자는 의미도 있겠지만, 나아가서 효란 무엇인가를 생각해 볼 수 있게 되었다. 효라는 것은 결코 자신의 부모님에게만 한정되는 얘기가 아닐 수도 있겠다는 생각이다. 어르신들이 목민관의 친 부모는 아니겠지만, 어르신을 공경하는 실천 그 자체가 바로 효의 실천인 것이다. 따라서 효는 오직 내 친부모님에게만 한정된 것이 아니라, 모든 어르신, 나아가 모든 사람들에게 행할 수 있는 덕목이 아닐까 한다. 그리고 그렇게 넓혀진 효야 말로, 더욱 진정한 효의 의미가 아닐까 한다. 따라서 자신의 부모님에게는 지극 정성으로 대하면서 남의 부모님을 함부로 대하는 사람이 있다면, 그는 효의 한 단면밖에 보지 못한 사람이라고 할 수 있겠다. 진정으로 효의 의미를 깨닫고, 이를 실천하는 사람은 자연스레 다른 이들에게도 효의 정신으로 베풀고 사는 인생을 살리라고 생각된다.

제 2장 동양의 효에서는 중국, 일본 등 동양에서 찾을 수 있는 효의 사상들을 중심으로 여러 일화가 정리되어 있다. 특히 스님들의 효심에 관한 일화가 많았다. 일반적으로 출가를 하고 나면 속세와의 인연을 끊기 때문에 스님들은 부모 자식 간의 연도 끊어야만 한다고 생각하기 쉽다. 부모 자식의 연이 끊어진다면 효 역시 당연히 실천할 수 없을 것이라 생각했는데, 그런 나의 편견은 2장을 읽으며 깨어지게 되었다. 특히 "효는 계율이고, 계율은 즉 효"라는 부분에서 불교의 효 정신이 잘 드러난다고 생각하는데, 부모자식간의 사랑과 연을 그저 속세의 연 이상으로 바라볼 수 있다는 점뿐만 아니라, 효라는 것이 단순히 부모를 향한 행동을 넘어서서 다른 사람들에게도 행할 수 있는 '도' 이기도 하는 점이다. 물론 황벽 선사의 예와 같이, 멀리서 찾아오신 어머니를 만나지도 않고 돌려보내는 경우도 있지만, 이는 더 큰 뜻을 세우고 이를 통해 한층 깊은 단계의 효를 행하기 위함으로 생각된다.

제 3장 서양의 효는 주로 탈무드와 성경구절의 인용으로 이루어져 있다. 이들 구절들이 우리나라 동양의 효 부분과 조금 다르게 느껴진 부분은, 자식이 부모에게 어떻게 해야 한다

는 말보다 '이런 부모가 좋은 부모다.', '부모는 이래야 한다.'는 구절들이 눈에 많이 띄었다는 것이었다. 서양의 부모와 자식 간의 관계가 동양의 그것과는 조금 다르기 때문인지도 모르겠다. 그 외에도 '리어왕 이야기'나 '링컨 대통령의 어머니 일화' 등 '효'라는 표현은 없지만, 서양에도 효의 정신은 살아 있다는 것을 느낄 수 있었다.

두 번째 파트는 선도회 회원들의 실제 효에 대한 체험을 글로 써 모은 장이었다. 자신이 일생에서 효를 잘 실천하였다고 자신하는 글은 단 한 건도 볼 수 없었다. 선도회 법사로서 일정의 경지에 다르신 분들조차 자신의 효에 자신을 할 수 없다는 점이, 효의 경지에는 끝이 없다는 점을 오히려 보여준다고 느껴졌다. 또한, 오히려 자신이 효를 다하지 못했다고 생각한다는 것이야 말로, 오히려 불효에서 벗어나는 첫 걸음이라고 생각하게 되었다. 진정한 불효자는 자신이 행하고 있는 것이 불효라는 것조차 느끼지 못할 것이기 때문이다. 효에 대해서 고민하고, 자신이 효를 실천하려고 노력하는 사람이어야만 자신의 효 실천의 부족함을 깨달을 수 있을 것이다.

마지막 파트는 〈부모은중경〉으로 효에 대해 석가세존이 남기신 말씀들을 모아 설명을 달아 놓았다. 특히, 우리가 생각하는 일반적인 효와는 조금 다르게 느껴지는 효의 경지를 제시한 부분이 인상적이다. 우리는 아무리해도 부모님의 은혜를 다 갚을 수가 없는데, 유일하게 이를 다 갚을 수 있는 최상의 효도란 "믿음이 없는 부모에게 믿음을 심어드리며, 부도덕한 부모님께 바르게 사시도록 일깨워 드리며, 인색한 부모님께 베풀며 사시도록 일깨워 드리며, 어리석은 부모님께 지혜로운 삶을 사시도록 일깨워 드리는 것이 부모님의 은혜를 진정으로 갚는 것이니라."는 말이다. 겉으로, 맛있는 음식을 사다드리고, 좋은 옷을 입혀드리고, 좋은 집에 살게 해드리며, 내가 입신양명해서 부모님의 이름을 널리 알리는 등 외적인 것을 이뤄드리는 것도 효의 실천 방법들이긴 하다. 그러나 진정한 '최상의 효도'란 부모님이 진정으로 내적인 성장을 이룰 수 있게 도와드리는 것이라는 뜻이다. 그렇다. 효에 대한 예를 잊어버려 가는 사람들도 문제이지만, 자식들은 효를 행해야한다는 명목 아래 자식들에게 몹쓸 짓을 하고도 이해를 바라는 이상한 사람들 역시 문제이다. 술을 먹고 자식들에게 행패를 부리거나, 혹은 자신이 원하는 길을 자식에게 강요하면서 이를 거스르면 '불효'라는 식의 논리를 피려는 사람들이 있다. 이들에게 석가세존이 외친다. 그들의 말을 들어 그대로 하는 것이야 말로 '불효'라고. 그들의 시각대로라면 부처님 역시 불효자였을 것이다. 자신의 자리를 잇기를 바라는 아버지의 바람을 등진 채 출가했기 때문이다. 그러나 후에 그의 아버지 역시, 석가처럼 불도의 깨달음을 얻고자 하게 된다. 석가가 선택한 길이 옳은 길이었고, 그를 통해 오히려 아버지가 진정한 깨달음의 경지에 다다를 수 있도록 도운 셈이다. 물론 부모님의 말씀을 잘 듣고 그를 잘 이행해 부모님을 기쁘게 하는 것 역시 좋은 효도이나, 효도의 궁극의 경지는 부모님이 올바른 생각을 하고 깨침의 경지에 이르시도록 일깨워드리는 것이다. 물론, 이때 선행되어야 할 것은 부모님을 계몽의 존재만으로 보는 것이 아닌, 부모님에 대한 존경과 사랑의 마음일 것이다. 석가가 이룬 효의 경지도 그러한 경지라고 할 수 있을 것이다.

나는 이래저래 부모님의 속을 많이 썩인 딸인 것 같다. 건강상의 문제도 있었지만, 필수 교육과정인 중학교 과정에서 자퇴한다는 것은 부모님 입장에서 참 많이 걱정스럽고 탐탁지 않은 결정이었을 것이다. 오랜 기간 논의하고 부모님을 설득한 끝에 내려진 결정이었고 이후 내색은 안하셨지만 교복을 입고 다니는 학생들을 보면서, 나의 결정에 대해 아쉬움을 느끼신 일이 어디 한두 번 이랴. 그 후 대학을 서울로 진학하게 되어 부산에 계신 부모님과 떨어져 지내게 되었는데, 요 며칠 과제와 발표들이 겹치면서, 바쁘다는 핑계로 자주 전화도 드리지 못하고 있다. 일상에 치여 별 생각하지 않고 있다가 책을 읽으며 크게 반성을 하게 되었다. 내가 성공해서 부모님께 더 좋은 집, 더 좋은 옷을 해 드리는 것도 효도의 한 방법이지만, 오늘 당장 드리는, 잘 지내고 계시냐는 안부전화에 훨씬 기뻐하고 안도하실 것인데, 이러한 것을 '효'라고 인지조차 하지 못하고 있었던 자신이 부끄러워졌다. 그래서 글을 쓰기 시작하기 전에, 부모님께 전화를 드렸더니 무척이나 반가워하셨다. 날이 추워졌는데 몸은 어떠한지, 밥은 잘 챙겨먹는 지, 잠은 잘 자고 있는지 등 걱정스런 질문들이 이어졌다. 역시 부모님의 자식 걱정은 자식이 몇 살이 되던 변함이 없으신 것 같다. 그리고 책에서 자주 언급되었듯이, 자식이 부모님을 생각하는 마음이 아무리 지극하다고 해도 역시 부모님이 자식 생각하는 마음에는 미치지 못한다는 말이 온몸으로 실감났다. 부모님의 은혜를 갚는 효의 완성에는 끝이 없는데, 부모님은 자식의 정말 작은 행동에도 충분히 감동하신다는 것이 오히려 가슴 찡하게 다가왔다.

그런데, 과제를 위해 독후감을 쓰면서, 이 책의 주제인 '효'와 우리 수업의 주제인 '참선'이 대체 어떤 연관이 있는지를 생각해 보았다. 언뜻 생각하기에 이 두 주제가 서로 별다른 관련이 없게 느껴졌기 때문이다. 그런데 깊이 생각해 보니, 참선이라는 것은 마음을 가라앉히고 어떤 주제에 대해 골똘히 생각해서 그 답을 찾아가는, 깨달음을 향해 가는 수행이었다. 그리고 그 수행은 일종의 나의 '도'를 찾아가는 길이었다. 그런데 이 책에서는 '효'가 '계율', 즉 도를 향한 대 원칙이라고 말하고 있었다. 다시 말해 효가 도를 향한 길이자, 도의 실천이라는 것이다.

효라는 것이 부모님의 은혜에 대한 감사한 마음을 깨닫는 것이 그 첫 번째요, 그에 내가 보답할 수 있는 길을 간구하고 실행하는 것이 그 다음 단계요, 그리고 (제2장에서 설명되었듯) 그 마음을 다른 사람에게로 넓혀가는 것이 효의 마지막 단계라고 한다면, 효의 실천이야 말로 참선을 통한 깨달음을 실천할 수 있는 방법일 것이다. 참선을 통한 깨달음의 정신이 실천하고 나누는 데 있다면, 효의 마지막 단계야 말로 그러한 실천과 나눔을 행하는 삶의 발현이라고 할 수 있을 것이다. 게다가 효 중의 효인 '최상의 효'가 부모님을 깨달음으로 이끄는 데에 있다는 것을 염두에 둔다면, 진정한 효는 참선을 통한 깨달음의 나눔이라고도 할 수 있을 것이다. 연관이 없어 보였던 효와 참선이라는 주제는, 이토록 맞닿아 있는 주제였던 것이다.

그러나 내가 부모님께 '최상의 효'를 행할 길은 아직 묘연해 보인다. 나 자체도 너무나 미성숙하고 깨침에서 먼 사람이거늘 어떻게 다른 사람을 깨치게 만들 수 있겠는가. 그렇지만 매일매일 부모님께 받은 것들에 감사함을 느끼는 것은 나 같은 미숙한 사람에게도 가능한 일이다. 건강하게 태어난 몸, 나의 목소리, 심지어 너무너무 추운 오늘의 칼바람을 느낄 수 있는 것도 부모님이 나를 이 세상에 태어나게 해 주셨음으로 인한 것이다. 이러한 너무나 당연한 사실을 매일매일 새롭게 스스로에게 일깨우고 감사한 마음을 되새기는 것이 내가 할 수 있는 효의 첫 걸음일 것이다. 그리고 그렇게 되새겨진 감사한 마음으로 매일 매일을 부모님에게서, 받은 선물로, 충실하게 살아가며 부모님께 보답할 길을 고민하는 것이 내가 현재 행할 수 있는 효의 실천일 것이다. 그리고 이러한 마음을 부모님에게서 나아가 부족한 나를 가르쳐주시는 교수님들, 선생님들, 주변 어르신들 모두에게로 넓혀갈 수 있다면 그것이 내 효의 실천이 무르익어 가는 방향이 될 것이다. 그리고 바쁜 일상 중에도 부모님에게서 받은 많은 것들에 대한 감사함을 잊지 않는 방법은 좌선 시간동안 이를 되새기는 것을 통해 이룰 수 있을 것이다. 그래서 요즘은 매일 하고 있지 못하지만, 앞으로는 좌선을 하기 전과 하고 난 후에, "제가 여기 앉아서 숨 쉬며 명상할 수 있는 몸과 마음을 주신 부모님께 오늘도 감사합니다." 라고 마음속으로 외치기로 마음먹었다. 그리고 좌선을 하면서, 부모님의 은혜에 보답할 수 있는 방법을 깊이 고민해 보아야겠다는 결심을 했다. 아직은 나중에 성공해서 부모님을 편하게 모셔야겠다는 막연한 생각과, 평소에는 고작 전화를 드리는 것에 불과하지만, 나에게도 분명 부모님을 기쁘게 해드리고 또 그를 통해 나 자신도 '도'에 따른 삶을 살 수 있는 방법을 찾을 수 있을 것이라 믿는다. 그리고 그러한 '찾음'은 참선을 통해 이루어질 것이라 기대해 마지않는다.

참고문헌

이 책을 엮는 과정에서 직접 또는 간접적으로 도움을 받은 문헌들은 다음과 같습니다.

【한국 관련 문헌들】

일연 지음, 김원중 옮김, 〈삼국유사〉 (을유문화사, 2002)
서산대사 지음, 용담 스님 역주, 〈선가귀감〉 (효림, 2002)
피천득(외) 지음, 〈효〉 (범우사, 1977)
이민정 지음, 〈이 시대를 사는 따뜻한 부모들의 이야기〉
   (생활성서사, 1992)
박종채 지음, 박희병 옮김, 〈나의 아버지 박지원〉 (돌베개, 1998)
이남덕 지음, 〈여든 살의 연꽃 한 송이〉 (불광출판부, 1999)
서돈각(외) 지음, 〈어머니와 나〉 (도서출판 연꽃마을, 1999)
안소영 지음, 〈책만 보는 바보〉 (보림, 2005)
박목월, 박동규 지음, 〈아버지와 아들〉 (대산출판사, 2007)
정우택 지음, 〈아버지의 날개〉 (휴먼드림, 2009)
이미령 지음, 〈그리운 아버지의 술 냄새〉 (불광출판사, 2007)

법전 스님 외 지음, 〈어머니, 스님들의 어머니〉 (도피안사, 2010)
박영재 지음, 〈석가도 없고 미륵도 없네〉 (본북, 2011)
송암지원 편저, 〈엄마라고 부를 수 있을 때〉 (종이거울, 2012)

【동양 관련 문헌들】

주굉 지음, 백련선서간행회 역, 〈치문숭행록緇門崇行錄〉
   (장경각, 1988)
주굉 지음, 연관 옮김, 〈죽창수필竹窓隨筆〉 (불광출판부, 1991)
이동형 편저, 〈불교의 효〉 (秀文出版社, 1995)
이한 지음, 유동환 옮김, 〈蒙求〉 (홍익출판사, 1999)
폴 렙스·뇨겐 센자키 지음, 김문호 옮김, 〈나를 찾아가는 101가지
   선 이야기〉 (화남, 2005)
스야후이 지음, 장연 옮김 〈소동파, 선을 말하다〉 (김영사, 2006)
오석륜 옮김, 〈일본 하이쿠 선집〉 (책세상, 2006)
일휴, 우천 지음, 〈역주치문경훈緇門警訓〉 (정우서적, 2008)
이해인 지음, 〈엄마〉 (샘터, 2008)
틱낫한 지음, 이도흠 옮김, 〈엄마〉 (아름다운 인연, 2009)
도암 옮김, 〈부모 노릇 7단계〉 (하늘북, 2011)
무문혜개 지음, 박영재 엮음, 〈무문관-온몸으로 투과하기〉
   (본북, 2011)

종달 이희익 지음, (사)선도성찰나눔실천회 엮음, 〈좌선-함께 앉고 함께 나누기〉 (본북, 2012)

계숭 지음, 황목견오 편역, 〈輔教編〉 (筑摩書房, 1981)

【서양 관련 문헌들】

대한성서공회 발행 〈공동번역 성서〉 (1977)

마테오 리치 저작, 송영배 역주 〈교우론〉외 2편
    (서울대학교 출판부, 2000)

김지용 편역, 〈탈무드〉 (태동출판사, 2004)

레이첼 나오미 레멘 지음, 류해욱 엮음, 〈할아버지의 기도〉
    (문예출판사, 2005)

노현정 그림, 이택희 옮김, 〈탈무드〉 (월드컴출판사, 2006)

마빈 토케이어 지음, 김정우 옮김 〈성전 탈무드〉
    (아이템북스, 2007)

랍비 솔로몬, 박인식 옮김 〈유대인의 삶과 지혜〉
    (해피&북스, 2012)

【부모은중경 관련 문헌들】

이희익 제창, '부모은중경 해설' (월간 〈법시〉 1971년 7월-11월)

권상로 역, 〈부모은중경〉 (동범문화원, 1976)

광덕 역, 〈부모은중경〉 (불광출판사, 1978)

권오석 역해, 〈부모은중경〉 (홍신문화사, 1982)

고성훈 편저, 〈부모은중경〉 (우리출판사, 1986)

김종성 엮음, 〈孝經과 父母恩重經〉 (보광, 1990)

경전연구모임 편, 〈부모은중경〉 (불교시대사, 1991)

일지 역, 〈부모은중경 외〉 (민족사, 1994)

김상영 외5인, 〈불교의 효사상〉 (사찰문화연구원, 1994)

최은영 옮김, 〈부모은중경〉 (홍익출판사, 1999)

월운 외, 〈孝 이야기〉 (조계종출판사, 2000).

월하학송 엮음, 〈대보부모은중경총설〉 (정우서적, 2011)

알루보물레 스마나사라 지음, 최선임 옮김, 〈부처도 미소 짓는 유머 활용 연습〉 (지식여행, 2011)

고신각승 지음, 〈父母恩重經講話〉〈大日本雄辯會講談社, 1941)

온몸으로 읽는
지구촌 효 이야기

초 판 1쇄 발행 2013년 7월 7일
증보판 1쇄 발행 2014년 3월 21일

엮은이 박영재
펴낸곳 도서출판 본북
펴낸이 마혜숙

주   소 서울시 종로구 관훈동 177 대형빌딩 303호
대표전화 02-732-8788   팩스 02-732-8786
이 메 일 bonbook711@gmail.com
출판등록 2008년 12월 1일 제 300-2008-119호

© 2013 by 박영재
ISBN 978-89-962082-8-0 03100

※ 책값은 뒤표지에 있습니다.
  잘못 만들어진 책은 구입하신 서점에서 교환해 드립니다.

  저작권법에 의해 보호를 받는 저작물이므로 본사의 허락없이 무단 전재,
  복제, 전자출판을 금합니다.